ビジネススキル イノベーション

「時間×思考×直感」67のパワフルな技術

横田尚哉

BUSINESS SKILL INNOVATIONS

プレジデント社

ビジネススキル・イノベーション

第3章 チームをマネジメントする

第7章 時代の潮流をつかむ

プロローグ

あなたが身につけたビジネススキルは、本当に仕事に役立っていますか。

ビジネスという戦場を戦い抜くためにはスキルが必要です。多くを身につければ、それだけ自分が強くなった気がします。ただ、苦労して身につけたわりに成果を出せず、歯がゆい思いをしている人が少なくありません。

いろいろとスキルを積み上げてきたのに、なぜうまくいかないのか。それは従来のスキルが古くなってしまったからです。

これまで私たちは、スキルを完璧に覚えることが仕事の成功につながると信じてきました。実際、先人に教わったことを忠実に再現していれば、たいていのことはうまくいきました。

しかし、いまや過去の成功体験の再現で仕事がうまくいく時代ではなくなりました。先人が活躍した時代と比べて、私たちを取り巻く環境は大きく変わりました。市場が求めるものも変わったし、場合によっては取引する国さえも変わっています。そうした変化を前にして、これまでのスキルは陳腐化するばかりです。

ならば、スキルを絶えず更新していけば自分を強くすることができるのでしょうか。残念ながら、そう単純にいきません。あるスキルが古くなったから新しいスキルを追いかけるというスタンスでは、いずれ行き詰まります。陳腐化を恐れて最新のスキルを追いかけるうちに、自分が摩耗してついていけなくなるのです。

過去のスキルを再現するにせよ、目新しいスキルに飛びつくにせよ、スキルを真似して習得するという従来のやり方には、もう限界がきています。ビジネススキルにも、イノベーションが必要な時代になったのです。

変化の激しい時代に求められているのは、本質をつかむ力です。物事の本質をつかみ、環境の変化に合わせてスキルをアレンジしていけば、従来のようにスキルの陳腐化に悩んだり、流行りのスキルを追いかけて自分をすり減らすこともなくなります。

一例をあげましょう。グローバル人材を求める時代の要請に合わせて、最近はTOEICを受験する人が増えてきました。ただ、TOEICで高得点を取ったからといって、ビジネスでうまくいくとはかぎりません。いくら英語の処理能力が高くても、積極的に発言しない人や中身のない会話しかできない人は結局、相手にされません。

海外のビジネスパーソンと渡り合うときに必要なのは、英語力より、普遍的なコミュニケーションの力です。私は流暢な英語を話すことができるわけではありませんが、国際大会に行けば大勢の友人から声をかけてもらえます。つたない英語でも、コミュニケーションの基本を押さえてメッセージを伝え続けてきたからです。

発音のうまさは関係ありません。文化などの背景が違う相手に対して臆せず自分の想いを伝えられてこそ、グローバルな人材といえます。このように海外で活躍できる人の本質をつかめば、「きれいな英語を話さなければ通用しない」という誤った既成概念に縛られず、英語のスキルについても柔軟に考えることができます。

従来のスキルが〝教えられたとおりに覚えるモノ〟だとしたら、これからのスキルは〝本質をつかみ、状況に応じてアレンジするモノ〟といえます。

まずは、これまでのスキル観から脱却すること。それが自らのビジネススキルにイノベーションを起こす第一歩です。

ビジネススキルのなかでもとくに重要なのは、「時間」「思考」「感性」の三つのスキルです。それぞれのスキルについても、これまでの常識を打破するイノベーションを起こさなくてはいけません。

時間管理のスキルは、「量」から「質」への転換が必要です。

私たちは忙しくて時間が足りないとき、誰かに時間を奪われたような感覚に陥ります。

しかし、誰にとっても一日は二四時間。物理的な量に変わりはありません。それにもかかわらず時間を奪われたように感じるのは、時間の質が低下しているからです。

たとえば同じ一時間でも、目の前の仕事に集中できるケースと、雑音などで気が散って集中できないケースがあります。どちらも量的には同じですが、後者の場合は「雑音によって時間が奪われた」という感覚が生じます。このように時間の質が低下したとき、私たちは「自分の大切な時間が奪われた」と感じるのです。

多くの人は忙しくなると、「足りない時間をどうやって捻出するか」といった時間の量の増減に意識を向けます。しかし、時間の量に焦点を当てているかぎり、時間が足りない状況から抜け出すことはできません。私たちがコントロールする必要があるのは、時間の量ではなく質です。それに気づけば時間管理の新しい地平が見えてきます。


思考については、過去思考から未来思考への転換が求められます。過去思考は、現在を結果ととらえて、過去にさかのぼって原因を追究していく思考のことです。これまで日本の製造業は、過去思考でカイゼンを重ねて成長を続けてきました。「なぜ」を五回繰り返して真因に迫るトヨタ方式が典型例です。

しかし、過去思考は前例主義に陥りがちで、既存の枠組みから飛び出す発想を苦手としています。新しいものを生み出すには、未来に成し遂げたい目的を明確にして、現在を目的実現の手段としてとらえる未来思考が必要です。「原因と結果」から「目的と手段」へと意識を変えることで、思考のイノベーションを生み出すのです。

過去から未来への意識改革は、「知性」から「感性」へのシフトと言い換えてもいいでしょう。

過去に起きた出来事は、知性で分析することができます。知識と論理のスキルがあれば、原因の追究はそれほど難しいことではない。実際にそれを得意にしているビジネスパーソンは大勢います。

ただ、知性では未来を思い描くことができません。不確かな未来にビジョンを描けるのは感性だけです。新しいものを生み出そうというとき私たちが発揮しなければならないのは、知性ではなく感性のスキル、さらにいえば直感なのです。

時間管理は、量から質へ。

思考は、過去から未来へ。

物事のとらえ方は、知性から感性へ。

こうしたダイナミックな転換を行うことで、より本質的で、応用が利きやすいビジネススキルが身につくのです。

本書では、時間や思考、感性を中心とした六七のスキルをご紹介しています。

これらは私が建設コンサルタント、あるいは改善士として仕事をしていくなかで気づき、実践してきたものばかりです。

一つ一つを覚えて実行するだけでも効果がありますが、著者として本当に役に立ててもらいたいのは、六七のスキルの向こう側にある本質的な物の考え方や価値観です。

六七のスキルに一貫して流れているものをつかみとれば、それを足掛かりにして、あなたなりに六八個目のスキル、六九個目のスキルを生み出していくことも可能です。また本書はビジネスの武器となるスキルを紹介していますが、本質さえつかめば、同じスキルを人間関係や趣味の世界などあらゆるシーンに展開していくこともできます。

覚えるだけのスキルはつまらないものです。さっそく本質をつかみ、あなたのイノベーションの扉を開く旅に出かけましょう。

第1章 1.4倍で時間を見積もる

01

予定が滞る可能性を顕在化する

この作業に二日、あの作業に三日かかるので、五日あればこの仕事は片づくはず。ところが実際に作業に取りかかると、予定をオーバーして一週間かかってしまった――。

時間の見積もりをミスしたことで痛い目に遭った人は多いかもしれません。

作業を一つ一つ分解して見積もり、綿密に計画を立てたつもりなのに、どうしていつも余計に時間がかかるのか。

それには明確な理由があります。

仕事には想定の一・四倍の時間がかかるからです。

一〇時間と見積もった仕事なら、片づけるのに一四時間はかかります。一時間の仕事なら一・四時間、一〇〇時間の仕事なら一四〇時間です。

余計に時間がかかるのは、仕事の手を抜いていたからではありません。本人の意図にかかわらず、仕事のスケジュールは勝手に延びます。仕事が想定より遅れてしまうのは、仕事の遅さではなく、そもそもの見積もりに問題があるのです。

想定より一・四倍の時間がかかるという傾向は、主観的な感覚値ではなく、あるシミュレーショ

仕事のリスクイベントをすべて洗い出す

	分類	リスク	イベント
1	資料	欠落	必要な資料がきっちりそろっている／そろってはいるが、整理されていない／必要な資料なのに欠落している
2	要求	無知	要求を確認しており、効率よく進む／よくわからない要求が出てくる／要求が理解不能なものがある
3	技術	未熟	慣れた技術で処理ができる／まだ慣れていない技術で処理する／ OJT として技術習得を兼ねながら処理
4	業者	品質	いつも品質が高く、作業が順調に進む／ときに品質の悪いものがあり、やり直す／品質が悪く、手戻りが生じることがある
5	数量	増加	予定どおりの時間で処理できている／意外と時間がかかってしまう／けっこうな時間がかかってしまう
6	対策	追加	新たな対策の追加はない／作業に応じて追加の対策が必要になることがある／追加の対策が必要になることが多い
7	事故	発生	事故は発生しない／たまに事故が発生し、巻き込まれることがある／事故に巻き込まれて、作業が遅れることがある
8	障害	対策	障害なく作業を進めることができる／ときどき作業を中断するような障害に出くわす／障害に出くわし、大きく作業が遅れる
9	労力	低下	つねに最大能力を発揮できる／労力の低下により作業が遅れることがある／恒常的に労力の低下が問題となっている
10	気力	低下	仕事を集中して行うことができる／集中力が散漫になることがある／仕事に集中することができない

日常の中にあって予定どおり進まない可能性のあるものはすべてリスク。ここでは仕事の予定に関連し、10 の時間リスクとそれぞれにつき３のリスクイベントを洗い出した。

ンによって導き出されています。シミュレーションについてはこれから解説しますが、その前提として、まず時間リスクについて知っておいてもらう必要があるでしょう。

時間リスクとは、予定が滞る可能性のことをいいます。可能性があるだけなら困りませんが、時間リスクが発現すると仕事の邪魔になり、スケジュールが遅れます。

日常に潜む不確実性は、すべてリスク

よく混同されますが、リスクとハザードは異なる概念です。ハザードとは、災害や事件、事故など、何らかの被害を及ぼすアクシデントを指します。一般的に危機管理は、ハザードを対象として、それが発生したときにいかに被害を抑えて迅速にリカバリーするかという点に主眼を置きます。

仕事でいえば、「取引先の工場が火事で焼けた」とか、「社員が不祥事で逮捕された」といった突発的な事態を想定して対策を練ります。

一方、リスクは不確実性のことであり、時間リスクといえば日常の中で予定どおり進まない可能性があるものすべてを指します。ハザードと違って被害の有無は関係ありません。ポジティブな性質を持ったものでも、不確実性があればリスクです。

たとえば「仕事中に突然、顧客が来訪する」というイベントが起きても、災害や事故のように直

接的な損害は発生しません。それどころか商談につながって、利益に結びつく可能性もあります。
それでも日常に潜む不確実性という点ではリスクです。

日常に潜む時間リスクを、他にもいくつかあげてみます。
「いざ外で仕事をしようと思ったら、必要な資料がそろっていなかった」（資料の欠落）
「上司の意図を誤解したまま仕事を進めて、やり直しを命じられた」（要求への無知）
「自分のスキルが足りずに、作業のスピードが上がらなかった」（技術の未熟）
「顧客に叱られて気分が落ち込み、仕事に集中できない」（気力の低下）

これらの時間リスクが顕在化したとき、私たちの仕事の時間は延びていきます。リスクは不確実性ですから、潜在したまま影響の出ない場合も考えられます。どちらにしても私たちはリスクと無縁ではいられません。たとえ目に見えなくても、私たちはつねに時間リスクを抱えながら仕事をしている状態です。

02 リスクイベントをシミュレーションする

これらの時間リスクが発現したことによって起きる出来事を、リスクイベントと呼びます。残念ながらリスクイベントが発現するタイミングや、発現したときの時間のロスを正確に予測することはできません。

ただし、一回一回のタイミングや時間ロスを予測できなくても、シミュレーションによって頻度の高いパターンを導き出すことは可能です。

シミュレーションのもとになるのは、ＱＲＡ（クオンティティティブ・リスク・アセスメント＝定量的リスク分析）という手法です。ＱＲＡは、ビルや道路、橋梁建設などの中長期プロジェクトにおいて、工期や事業費などを事前予測するための分析手法です。

工事が予定どおりに実施されれば、工期や事業費は最小限で済みます。しかし現実にはさまざまなリスクイベントがあり、当初の計画どおりにはいきません。そこでリスクイベントごとに設定した確率と影響度にもとづき、統計上有意な回数のシミュレーションを実施します。その結果、「予算が一・五倍に膨らむケースが五〇％を占めた」ということがわかれば、それを念頭に置いて予算を多めにとったり、改善を重ねてコスト削減を図ります。

この手法は、工事以外のものにも適用できます。たとえば私たちの日常に潜む時間リスクも、QRAによって評価してスケジューリングに活かすことができるわけです。

シミュレーションの手順を説明しましょう。

リスクイベントが持っている時間リスクは、次の計算式で試算できます。

「時間リスク＝遭遇確率×発現確率×影響度」

この式に「得意先から飛び込みの作業依頼がある」というリスクイベントをあてはめてみます。

飛び込みの作業依頼がある確率、つまりこのリスクイベントに出会う遭遇確率は週に一回と設定します。平日五日間に一回として、一日の遭遇確率は二〇％です。

依頼があってもその場で解決するかもしれません。そこでリスクの発現確率として、二回に一回の割合、五〇％の確率で作業が発生すると設定します。この二つをかけあわせることで、リスクイベントが発現する頻度がわかります。

この確率に、リスクイベント発現時の影響度をかけあわせます。たとえば「業務に必要な時間は、半々の確率で三時間か五時間になる」と設定すると、時間リスクは次のようになります。

「週に一回（遭遇確率）×二回に一回（発現確率）×三時間か五時間（影響度）

＝二〇％×五〇％×（三時間×五〇％＋五時間×五〇％）

＝〇・四時間／日」

このように計算していくと、私たちは「得意先から飛び込みの作業依頼がある」というリスクイベントによって、毎日〇・四時間、一週間に二時間の時間を失っていると想定できます。

いま説明したのは「得意先から飛び込みの作業依頼がある」というリスクイベントの時間リスクですが、私たちの時間を奪うリスクイベントは他にも数多くあり、それぞれ同じように時間リスクを試算することが可能です。

複数のリスクイベントが存在している場合は、どのように考えればいいのか。

あるプロジェクトを進めるときに想定されるリスクイベントが一〇あったとします。このとき各リスクイベントの時間リスクを単純に足しても、プロジェクト全体の時間リスクは見えてきません。各リスクイベントの時間リスクは平均値であり、それらをたんに足すだけでは実態とかけ離れる恐れがあります。

プロジェクト全体の時間リスクを浮かび上がらせるには、リスクイベントごとに発現確率と影響度の違うシナリオを用意して何度もシミュレーションを行う必要があります。

たとえば「得意先から飛び込みの作業依頼がある」というリスクイベントに関しては、

シナリオ① 作業は発生しない（〇時間）×九〇％
シナリオ② 軽い作業が発生する（三時間）×五％
シナリオ③ 本格的な作業が発生する（五時間）×五％

計画には0.4倍の時間ロスを折り込む

時間ロス＝遭遇確率 × 発現確率 × 影響度＋不測

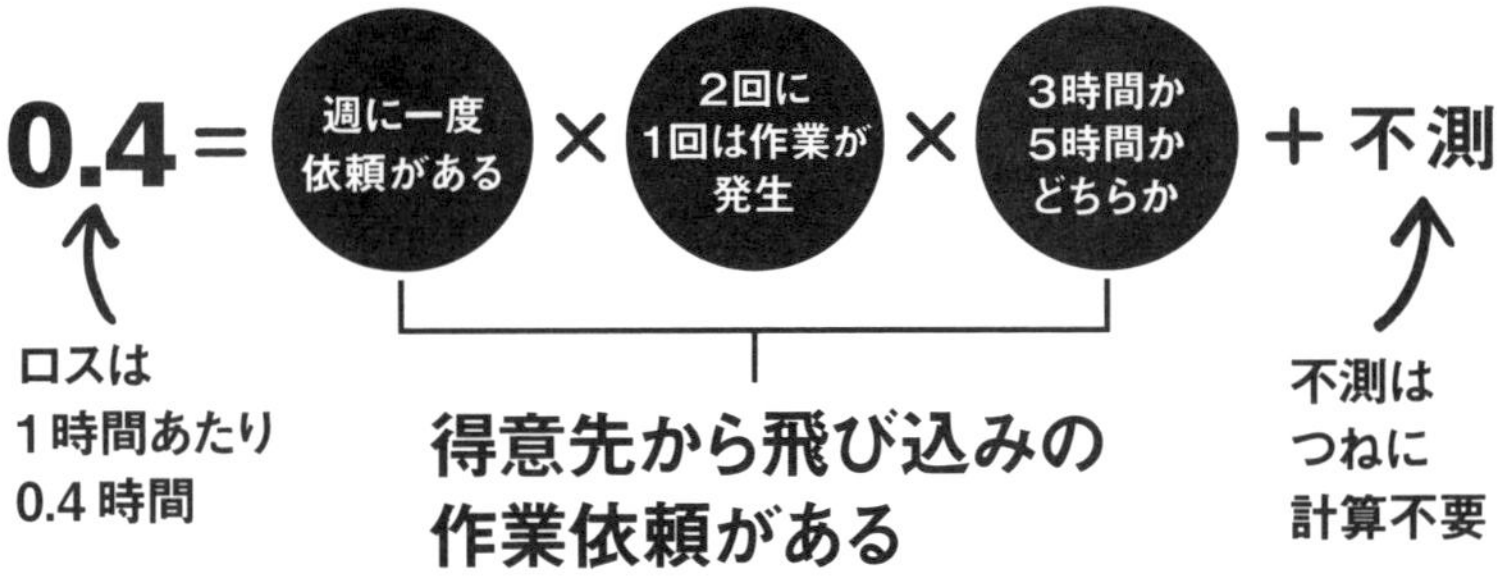

時間ロス

＝20%×50%×（50%×3時間＋50%×5時間）

＝0.4時間

シナリオ1

作業は発生しない	90%＝0時間

シナリオ2

軽い作業が発生する	5%＝3時間

シナリオ3

本格的な作業が発生する	5%＝5時間

時間リスクの計算式に「得意先から飛び込みの作業依頼がある」というリスクイベントをあてはめてみると、時間ロスは1日あたり0.4時間。1週間で2時間との結果が出た。

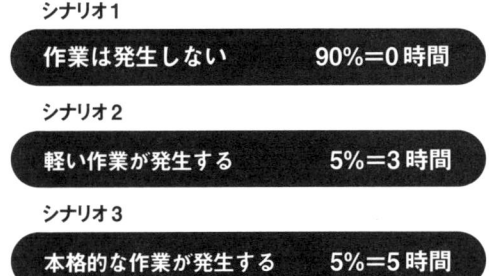

と三つのシナリオを設定。一〇のリスクイベントにも同様に三つのシナリオを設定すると、全体としてシナリオの組み合わせは三の一〇乗分、約五九〇〇〇とおりになります。

各リスクイベントで影響度ゼロのシナリオばかりが起きれば、時間ロスはゼロになります。逆に影響度大のシナリオばかりだと、時間ロスはとてつもなく大きくなります。

実際にはどのシナリオを通って、トータルでどの程度の時間ロスがどの程度の頻度で発生するのか。そこから先はシミュレーションソフトの領域です。QRAに用いるソフトを使って計算し、仕事を進めるうえで起こり得る全体の時間リスクを算出します。

このときに想定しきれないイベントや、天文学的な確率でしか発生しないイベント、さらに発生しても影響度が少ないイベントは「不測」として扱い、試算の対象外とします。たとえば「隕石が落ちてきて仕事ができなくなるリスク」の発現確率は極端に低く、シミュレーションに組み込むのは現実的でない。あくまでも日常的に起こり得るリスクイベントを設定して計算します。

一〇〇時間で計画しても、一四〇時間以上かかる

そこで、最良のシナリオばかりを通れば一〇〇時間で済む仕事をQRAでシミュレーションしてみました。

試算の前提として、先に触れた「資料の欠落」「要求への無知」「技術の未熟」「気力の低下」に、

リスクが影響する確率を定量的に分析した結果…

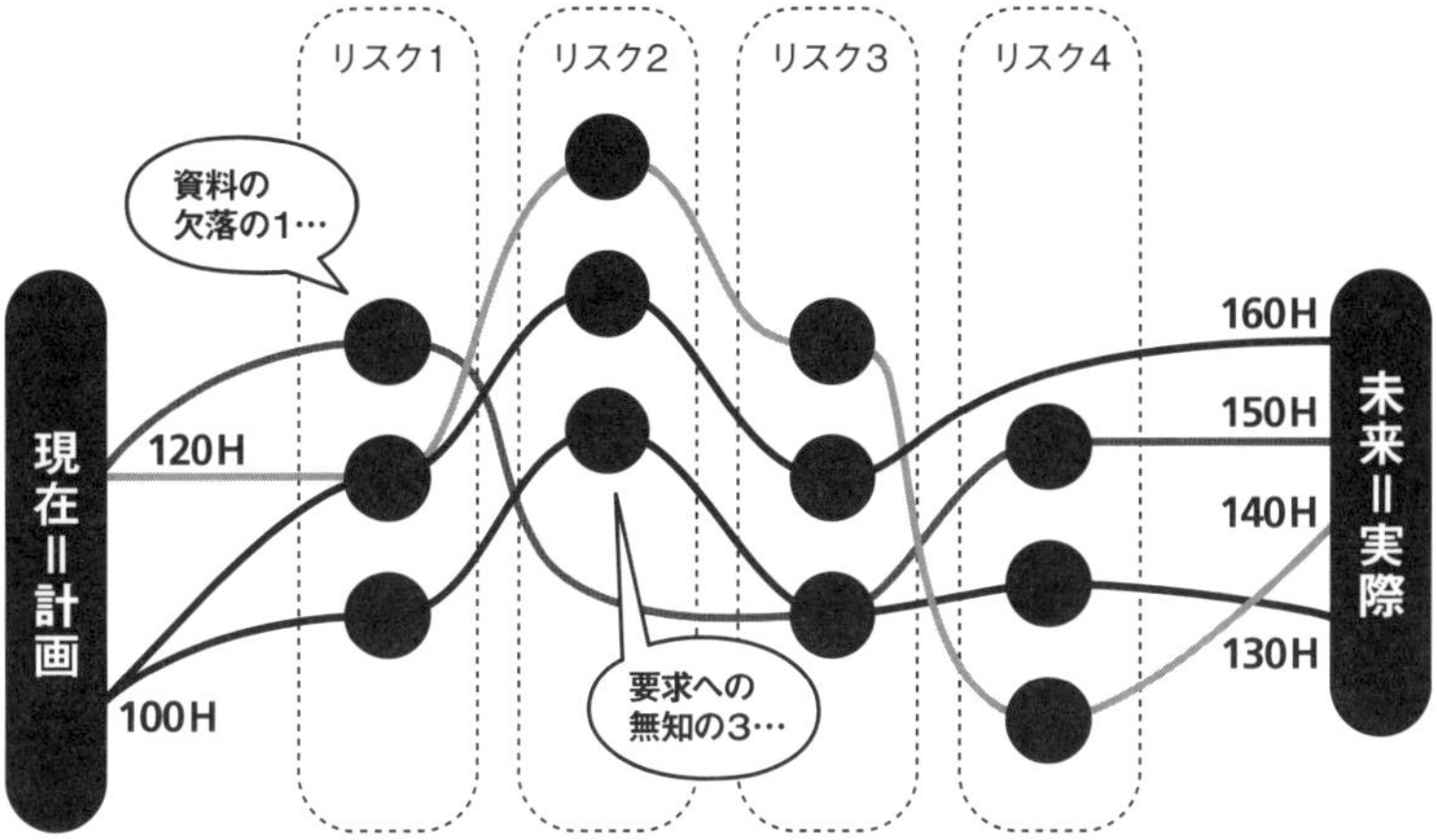

工期や事業費などを事前予測するための分析手法「クオンティテイティブ・リスク・アセスメント（QRA）」で用いるソフトを使い、リスクイベントが影響する確率をシミュレーションした。

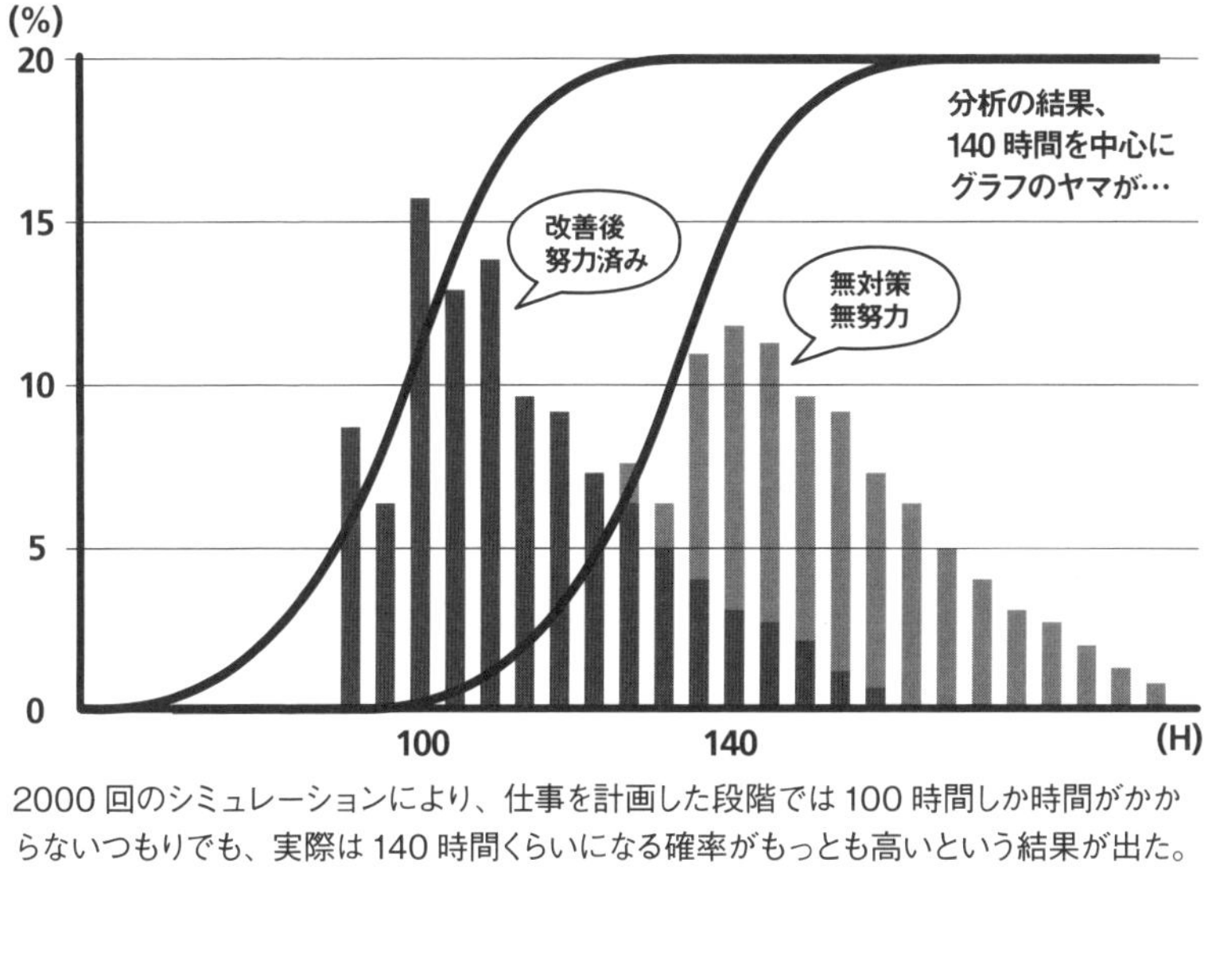

2000 回のシミュレーションにより、仕事を計画した段階では 100 時間しか時間がかからないつもりでも、実際は 140 時間くらいになる確率がもっとも高いという結果が出た。

「業者の品質」「数量の増加」「対策の追加」「事故の発生」「障害への対策」「労力の低下」を加えて、計一〇のリスクイベントを設定。これらのリスクイベントについて、それぞれ三つのシナリオの確率と影響度を設定し、実際のQRAで用いるソフトを使って、二〇〇〇回のシミュレーションを実行しました。

二〇〇〇回は有効値を得るための適正回数であり、中長期プロジェクトにおける工期や事業費の事前予測でも同じです。

さて、結果はどうだったのか。予定どおりなら一〇〇時間で済む仕事でしたが、二〇〇〇回のうち約八割は一三一～一六四時間かかるという結果になりました。なかでも、もっとも多く分布されたのが一四〇時間台です。つまり一〇〇時間のつもりで計画しても、現実には一四〇時間以上かかるケースが多いことになります。

この結果から導き出されるのは、「私たちは仕事を片づけるのに、自分の想定より一・四倍の時間をかけている」という事実です。

一〇時間の仕事なら一四時間。一時間の仕事なら一・四時間。冒頭に示したように、私たちはつねに一・四倍の時間リスクを抱えながら仕事をしているのです。

03 一・四倍でスケジューリングする

仕事には想定の一・四倍がかかるものだとすれば、スケジューリングのコツも見えてきます。最初から一・四倍の時間を要すことを見越して、予定にバッファを織り込めばいいのです。

自分の能力を一〇〇％稼働させれば一〇時間で終わる仕事も、実際はさまざまなリスクイベントが起きて一四時間かかります。それを織り込んでプラス四時間のバッファを取ってスケジュールを組んでおけば、リスクイベントが平均的な範囲で発現しているかぎり、時間が足りなくなることはありません。

仕事に費やせる時間があらかじめ決まっている場合も同じです。九時から一七時の八時間しか仕事に費やせないのなら、八時間分の仕事でギッチリ埋めるのではなく、五・五時間分の仕事でスケジュールを組みます。これなら何らかのリスクイベントが発現しても、五・五時間×一・四倍＝七・七時間で仕事が片づきます。

最良のシナリオだけを想定してスケジュールにバッファを織り込んでいない人は、何かのリスクイベントが起きただけで計画が破たんします。時間リスクの管理ができる人と、そうでない人の違いは、ここにあるのです。

もう一つ、時間リスクそのものを減らしていくという考え方も大切です。

いま紹介したシミュレーションでは、一般的なビジネスパーソンの仕事の進め方を念頭に置いてリスクイベントの発現確率と影響度を設定しました。任意の数値に設定したということは、それらの数値を低く設定することも可能ということです。

たとえば仕事の進め方をリスクイベントが発現しにくいやり方に変えたり、リスクが顕在化しても影響が小さくなるような工夫をすれば、設定する数値が変わり、それに応じてシミュレーションの結果も変わります。

それでは、さまざまな改善が進んだとして数値を再設定し、シミュレーションをやり直すとどうなるのか。一〇〇時間の仕事の約八割は、一〇七〜一一三時間の範囲におさまりました。つまり改善を進めることで、一〇〇時間につき四〇時間必要だったバッファは、約一〇時間で済むようになるのです。

これは二〇〇〇回試行したうえでの平均的な結果ですから、一回一回を切り取れば、「改善前は一二〇時間だったのに、改善後は一三〇時間かかってしまった」という逆転現象も起こり得ます。しかし、それは結果論です。仕事を重ねていくと、理論的には改善の努力をした人ほど一一〇時間に収斂していきます。

一・四倍の見積もりでスケジューリングしつつ、仕事のやり方を工夫して時間リスクを小さくしていく。この二段構えで、スケジュールの遅れは撲滅できます。

04 時間の質をコントロールする

スケジュールにバッファが必要な理由が、もう一つあります。

それは、「知的熟成」を起こすためです。

私はメールを読むと、原則五秒以内に返信することにしています。返事が遅くなるほど余計な言い訳が必要になりますが、すぐに返信すれば、たいていは「了解」や「拝受」の一言で済みます。

ただし、内容を吟味したいメールに関しては別の取り扱いをします。返事を書く時間的余裕があっても、あえて本題には触れず、メールを受け取ったという旨だけを返信し、未読フォルダに戻すのです。

意図的に本題に触れずにおくのは、時間を置くことによって知的熟成が起きることを期待しているからです。メールを読んだあとに時間を置くと、仕事をしていないときにも問題意識が勝手に働いて、思考の材料を集めてくれます。その結果、まるで水蒸気が空中のチリを頼って水滴と化すように思考の結晶化が始まり、アイデアが創造されていきます。

これが知的熟成です。

メールの返信以外の仕事でも当然、知的熟成は起こります。たとえば企画書やプレゼン資料をつ

知的熟成を生むためにスケジュールにバッファをつくる

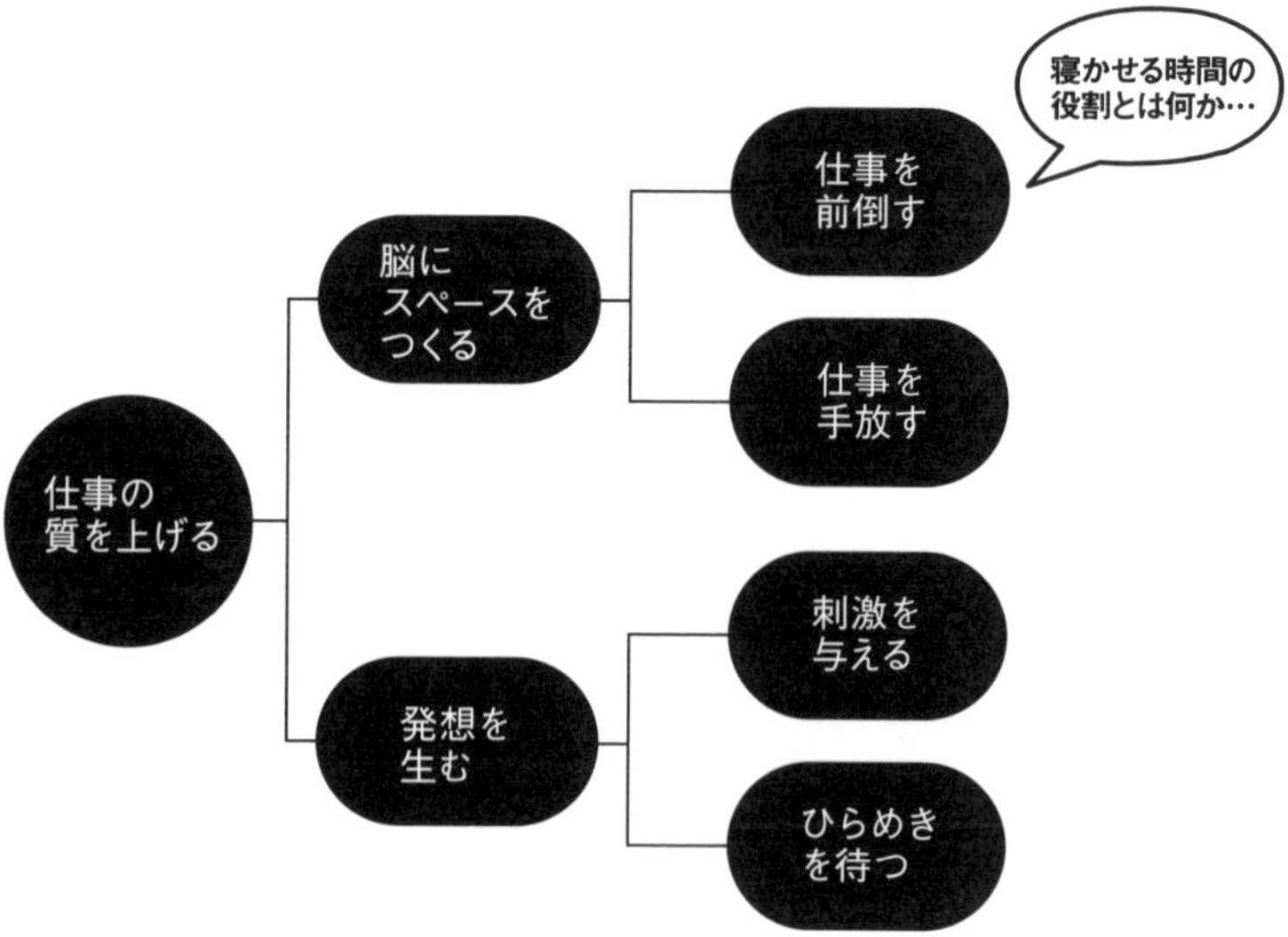

寝かせる時間とは知的熟成を待つ時間…

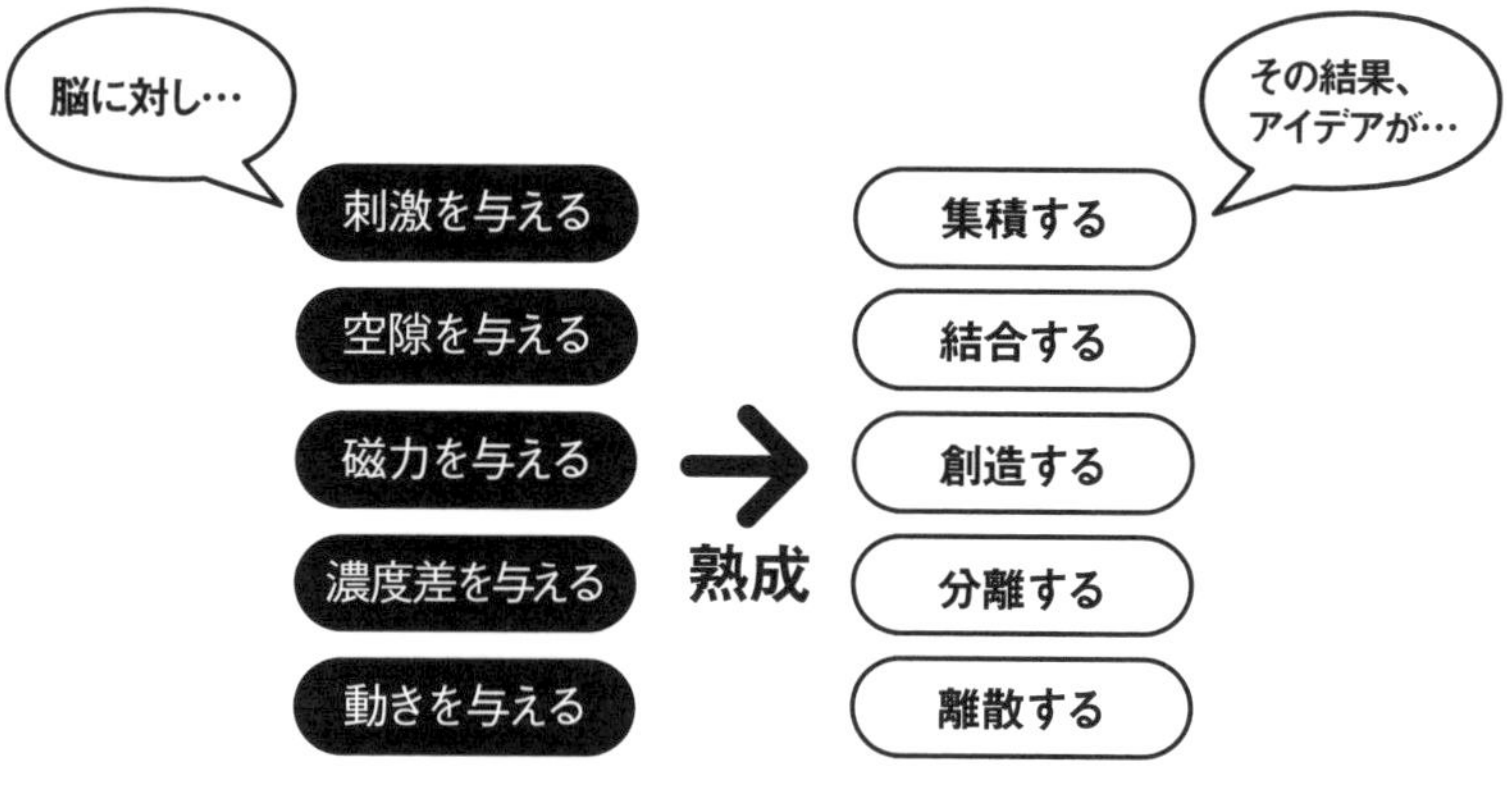

仕事を寝かせることで知的熟成が起きるだけでなく、仕事を一度離れることで、次には別のアタマで仕事を眺めることができる。それにより一人で二役がこなせる。

くるなど、何かを考える仕事については、すべてあてはまるといっていい。

思考が必要な仕事をやりかけのまま、あるいはいったん完成させた状態で置いておくと、放置しているあいだも頭の片隅で思考が回り続けます。その結果、他の材料と結びついて新しいアイデアがひらめいたり、第三者的に観察することで間違いに気づいたりするのです。


私は知的熟成の時間を確保するため、三時間で終わる仕事は三日間、三日で終わる仕事は三週間、三週間で終わる仕事は三カ月の余裕を持ってスケジューリングします。

時間リスク対策だけなら一・四倍のバッファで十分ですが、知的熟成させることを考えると、それだけでは足りません。仕事の中身によりますが、企画力や表現力、あるいは全体の構成力が問われる仕事なら、五～一〇倍のスケジューリングをして、そのあいだに思考を寝かせる時間が欲しい。

そのためには、なるべく早い段階で仕事に手をつけることが大切です。

仕事を最初にひとかじりして、思考を寝かせる時間をつくる

仮に三日間で終わる仕事に三週間の時間的余裕を持ってスケジューリングしても、二週間半は何もせず、最後の三日間で帳尻を合わせるようにしてバタバタと片づけるやり方では意味がありません。思考が熟成するための時間がないからです。

五〜一〇倍の時間的余裕を持つ目的は、作業の中断時間をつくることにあります。中断時間を意図的につくるためには、とにかくいったん仕事に手をつけることが大事です。

企画書を書くなら、必要な資料だけでも読んでおく。報告書を作成するなら、最初の数ページだけでも書いておく。このように最初に仕事をひとかじりしておくことで、思考を寝かせる時間をつくりやすくなります。

05 マルチタスクでアイデアを熟成させる

知的熟成を起こすためには、通常の五〜一〇倍の時間が必要です。ただ、三日間で終わる仕事に三週間かけていると、まわりから「仕事が遅い」、「中断して放置するな。最後までやれ」と言われかねません。そこでおすすめしたいのが、マルチタスクによるスケジューリングです。

目の前にA、B、Cの三つの仕事があるとします。これらの仕事を一つずつ完成させてから次の仕事に移るやり方は、単線的なシングルタスクです。

シングルタスクでは、まず仕事Aを片づけ、次に仕事B、Cへと順番に処理していきます。それぞれの仕事を集中して行うので、まわりからは手を抜いているようには見えません。おそらく本人も、仕事を片づけるたびに小さな達成感を得ているでしょう。

しかし、このやり方では仕事を寝かせる時間がないために知的熟成は起こりません。表面的には良い仕事をしているように見えても、いずれクオリティは頭打ちになります。

では、マルチタスクでスケジューリングするとどうなるのか。

仕事A、B、Cを同時並行で動かすと、仕事Aを中断して寝かせている間に、仕事Bに手をつけ

仕事を並行して進めることでスキマのムダをなくす

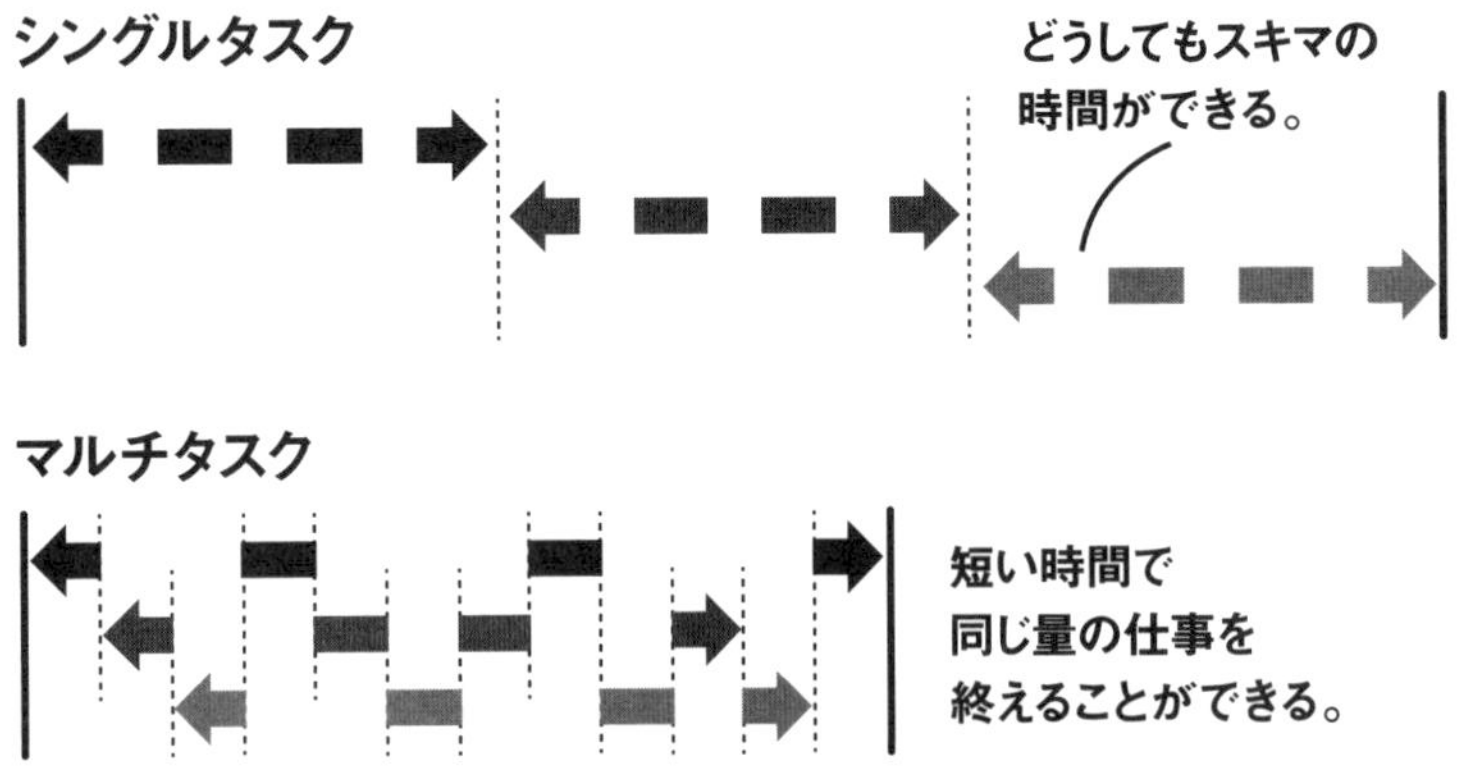
シングルタスク
どうしてもスキマの時間ができる。
マルチタスク
短い時間で同じ量の仕事を終えることができる。

仕事を一つずつ進めるとスキマのムダができる。だが、並行して進めればスキマのムダが減るだけでなく、体調や外的要因に合わせて、仕事の種類を切り替えることもできる。

ることができます。仕事Bを中断して熟成させる時間が必要なら、新たに仕事Cに取りかかったり、仕事Aに戻って仕上げをしてもいい。いずれにしても他の仕事にスイッチすることで、仕事を熟成させる時間を確保することが可能になります。

寝かせる時間を確保できるのに、全体の稼働率が落ちない点もマルチタスクのメリットです。

仕事A、B、Cを終わらせるのに、それぞれ三時間が必要だとします。シングルタスクなら、仕事A三時間＋仕事B三時間＋仕事C三時間で、計九時間です。

一方、マルチタスクの場合は、仕事A一時間＋仕事B一時間＋仕事C一時間＋仕事A一時間＋仕事B一時間……、と時間が細切れになるだけで、合計時間は九時間のまま。つまり三つの仕事を九時間で終わらせる効率性を維持したまま、仕事のクオリティを高めることができるのです。

06 捨てるべき仕事を見極める

時間を効率的に使うためには、不要な仕事に見切りをつけて、やるべき仕事に集中して時間を投下していくことが大切です。

ただ、やるべき仕事か、それとも捨てていい仕事かの見極めは容易ではありません。

仕事の取捨について考えると、私はいつも、建設コンサルタント会社に新卒で入社してきた若いコンサルタントのことを思い出します。会社から彼に与えられた仕事は、図面の色塗りでした。図面には、建設予定の道路が描かれています。そのままではプレゼンで説明するときにわかりにくいので、図面にひたすら色を塗っていくのです。

半年ほど経った頃、彼は単調な仕事に耐えかねて、「もっと技術者らしい仕事をやらせてほしい」と訴えてきました。どうやら彼の目には、色塗りの仕事が無理やりやらされているだけの「捨てるべき仕事」として映っていたようです。

私は図面を指さして、矢継ぎ早にいくつか質問をしました。

「この図面の縮尺は？」

「この道路のカーブは半径何メートル？」

彼は即答することができず、図面に記入されていた数字を読み上げようとしました。

じつは図面をパッと見ただけで縮尺や道路の半径を把握する技術は、一流の建設コンサルタントになるために欠かせないスキルです。色塗りの仕事は、その技術を学ぶ絶好の機会です。質問に即答できなかったのは、図面を一目で把握する技術をまだ身につけていない証拠。色塗りから卒業するのは早すぎます。そのことを指摘すると、彼は次の半年間、一生懸命に色を塗っていました。目の前の仕事の意味を改めて考えた結果、捨てるべき仕事がやるべき仕事へと変わり、仕事に取り組む姿勢も変化したのです。

仕事の重要度は力量と状況によって変わる

ここで重要なのは、仕事の重要度が最初から決まっているわけではないという点です。色塗りの仕事は、スキルが不十分な若いコンサルタントにとっては「やるべき仕事」です。しかし、すでにスキルを身につけたコンサルタントにとっては、それほど意味のある仕事ではありません。プレゼンのために必要ではありますが、自分以外の人に任せられるという意味では「捨てるべき仕事」といっていいでしょう。

仕事の重要度は、その人の力量や置かれた状況によって変わります。「この仕事はやめるべき」、「あの仕事はムダ」と一概に決めつけられないところに、仕事の取捨の難しさがあります。

07 ストレス仕事の価値を高める

目の前の仕事をやるべきか、捨てるべきか。その判断をするときは、「誰を満足させるためか」を意識する必要があるでしょう。自分のためか、あるいは他人のためかによって、その仕事に費やす時間の価値も変わるからです。

自分を満足させるための仕事は、「やりたいか、やりたくないか」で判断できます（自分満足）。一方、他人を満足させるための仕事は「まわりから必要とされているか、されていないか」という視点で判断できます（他人満足）。この二つの切り口を軸にして整理すると、仕事は九つのカテゴリに分類できます。

自分満足と他人満足の両方が低い仕事は「勘違い」です。自分もやりたくないし、他人も求めていない仕事なので、やるべき理由はありません。ところが会社には、よくわからないけど慣例として昔から続いている仕事も少なくない。そうした仕事は、ばっさり捨ててかまいません。

一方、自分も他人も満足できる仕事は「理想」です。このカテゴリに入るのは、まさしくやるべき仕事。自分も積極的だし、他人からも求められるので、とくに意識しなくても自然に仕事に取りかかっています。

必要とされていない仕事も
満足な仕事になる

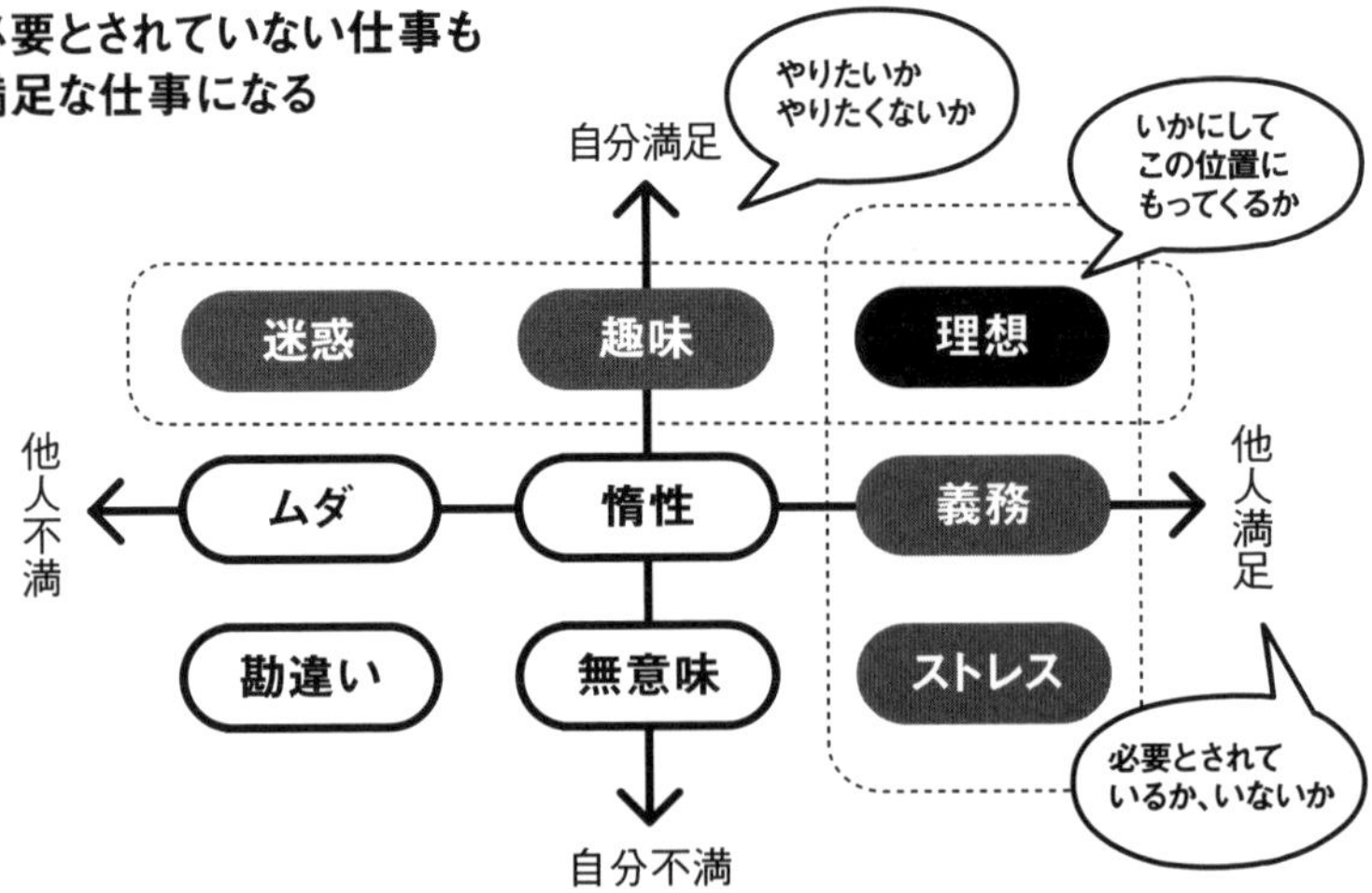

自分にとっての満足な仕事をする時間と不満な仕事をする時間、他人にとっての満足な仕事と不満な仕事。両方の満足が重なる「理想」の時間を、いかにして増やすかがカギだ。

判断が難しいのは、どちらかの満足度が低い仕事でしょう。自分満足が低く、他人満足が高い仕事、つまり自分はやりたくないけど人に必要とされている仕事は「ストレス」です。このカテゴリに入る仕事は、自分の時間を人に奪われた感覚が強くなります。

一方、自分満足は高いが他人満足の低い仕事は「迷惑」です。このカテゴリに入る仕事は、他人から快く思われず、ある種の後ろめたさに苛まれます。

他人にとっての迷惑仕事も理想の仕事に変えられる

ストレスを感じる仕事も、人の迷惑になる仕事も、それに費やす時間の価値は高くありません。その意味で、この二つのカテゴリに入る仕事は捨てるべきだという見方をする人もいるでしょう。

しかし、これらのカテゴリに入る仕事も、うまく視点を切り替えることで「理想」の仕事へと導くことが可能です。

たとえば、自分が集中して作業しているときに部下から相談事を持ちかけられると「ストレス」になることがあります。これは視点が他人中心になっていて、相手だけが得をしていると感じるからです。

そこで相談を受けるという仕事を自分視点でとらえ直します。

その結果、「いまはデスクワークより、社内のコミュニケーションに適した時間帯であり、部下と話したほうが自分にとっても効率がいい」と気づいたら、時間を奪われた感覚が軽減されて自分満足も高まります。このように視点を他人から自分へと移せば、「ストレス」を感じる仕事も「理想」の仕事へと変わるのです。

08

やりたくない仕事の意義を考える

視点の移動が効果的なのは、自分一人が楽しい「迷惑」仕事も同じです。自分だけが楽しんで後ろめたさを感じる仕事も、顧客視点からとらえ直してメリットを提案することができれば、周囲の応援を得やすくなり、「理想」のカテゴリに近づきます。

このように「自分から他人」、「他人から自分」と視点を自在に動かして仕事をとらえ直していくことで、捨てるべき仕事をやるべき仕事へと変えることができるのです。

「ストレス」や「迷惑」のカテゴリにある仕事は切り捨てたほうが効率的になる気がしますが、そう考えるのは、時間の量をマネジメントする発想から抜け出ていない証拠です。時間の量ではなく、質をコントロールするのが時間管理の基本。「ストレス」や「迷惑」の仕事を「理想」へと近づけることで、それに費やす時間の価値は高まります。

視点の切り替えでとくに意識したいのは、「自分から他人」への切り替えです。

一般的に若いときほど視点は自分寄りになります。人生のステージが上がったり経験が増えるにつれて他人の視点を獲得できるようになり、自分から仲間や家族、会社や地域、さらに社会全体へと視野が広がっていきます。

視点を広げることで時間を使う充実感を得る

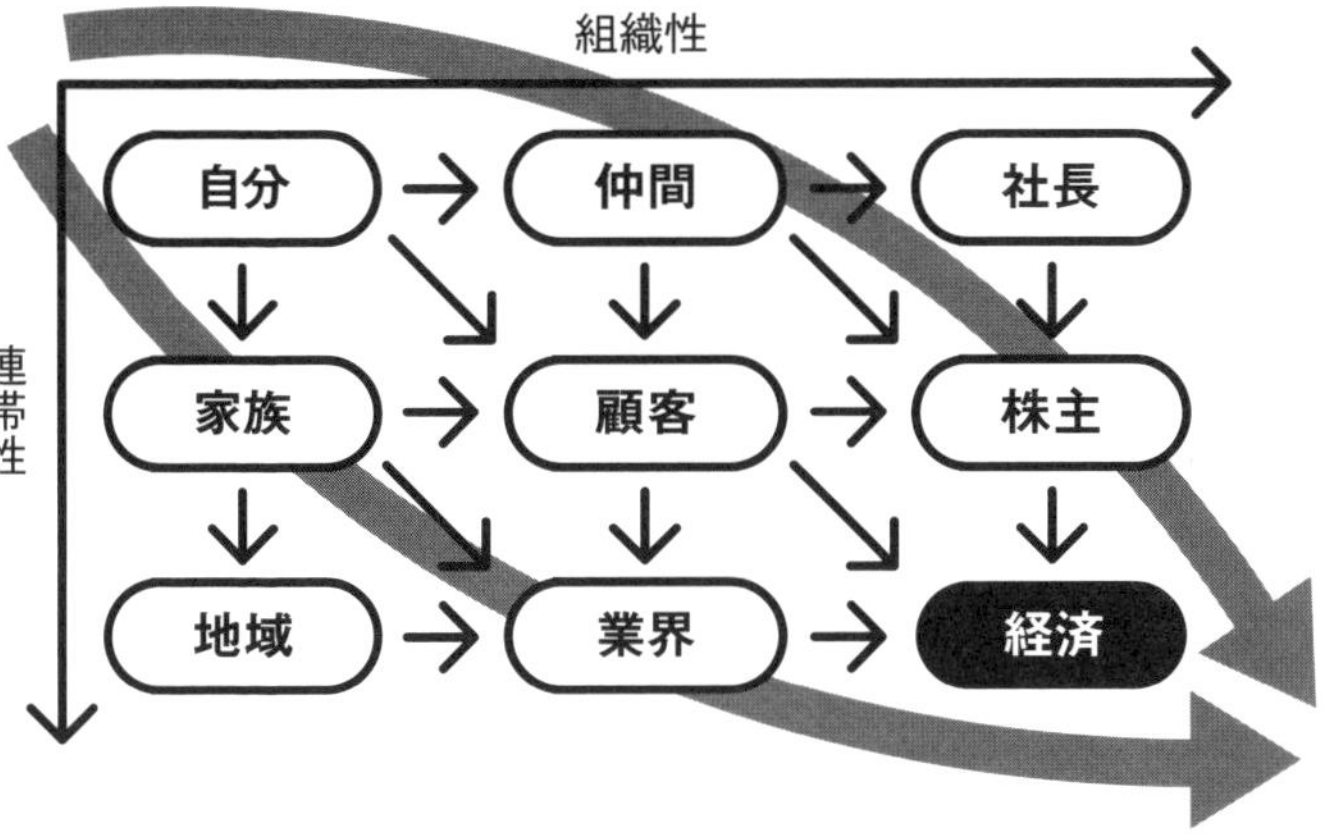

仕事に費やす時間の「量」は同じでも、費やす時間の「質」を高めることはできる。時間の「質」は仕事の目的や人生のビジョンとも関連するので、それにより人生の質も高まる。

仕事や社会経験が少ないうちは、どうしても視野が狭くなり、「自分の利益にならないのに、なぜこの仕事をやらなくてはいけないのか」という思いにとらわれがちです。この思いにとらわれていると、時間を他人に奪われている感覚に襲われて、何か損をしたような気分になります。

自分の時間を使って社会に貢献する

視点をうまく切り替えるためには、目の前の仕事の意義を考える習慣を身につけることが大切です。最初は「自分にとってこの仕事の意義は何か」という問いかけでかまいませんが、徐々に「仲間や家族にとっては、どのような意義があるのか」、「会社や地域にとって有益なのか」と視野を広げていくことによって、「自分から他人」への視点の切り替えが容易になっていきます。

こうして視野を広げていくと、最終的に目の前の仕事と社会とのつながりがはっきり見えるようになります。この段階まできたら、時間を他人に奪われている感覚より、自分の時間を使って社会に貢献している充実感のほうが上回ります。このとき目の前の仕事に費やす時間の質は、大いに高まっています。

そればかりではありません。時間の質を仕事の目的や人生のビジョンとリンクさせることにより、総和としての人生の質もまた高まるのです。

第2章

時間と感情のロスを減らす

09

伝え方より、コトバの変換に注意する

仕事を早く終わらせるために他の人と仕事を分担したが、自分でやったほうが結局は早かったという経験はないでしょうか。人に仕事を振ることで自分の作業負担は減っているはずですが、なぜ余計に時間がかかってしまうのでしょうか。

頼んだ相手の能力や経験が不足していたなら、仕事が遅くなるのはわかります。ただ、能力や経験が自分と変わらない相手に頼んだ場合でも、結果的に仕事のスピードが鈍ることが少なくありません。理由はいろいろと考えられますが、なかでも注意したいのはコミュニケーションによる時間のロスです。

部下に仕事を指示したが、意図が伝わっていなくて手直しが必要だった。あるいは上司に関係部署との調整をお願いしたが、誤解して伝わってしまい、かえって話がこじれてしまった。こうしたことが起きるのも、情報伝達がうまくいかなかったことが原因です。

仕事を振れば自分は楽になると安直に考えるのは間違いです。人に仕事を振る場合、自分の直接的な作業量は減りますが、情報伝達という新しい仕事が発生します。コミュニケーションで失敗して仕事が遅くなる人は、おそらく仕事が一つ加わったことを理解していないのでしょう。

私たちは情報伝達という別の仕事を的確に行ってこそ、自分の作業負担を減らして、仕事全体のスピードを上げるコトができます。

では、どうすれば相手とうまくコミュニケーションが取れるのか。

コトバに置き換えるプロセスで歪みが生じる

コミュニケーションがうまくいかないとき、私たちは情報の伝え方に問題があると考えがちです。

実際、伝達の手段によって混乱が起きるケースは多くありません。電話で話したコトバはきちんと相手の耳に伝わるし、メールに書いたモジはそのまま相手の元に届きます。仮に手段による混乱が起きても、その多くは技術的に解決可能です。

注意したいのは「伝達」より「変換」です。

私たちは自分の頭の中で考えていることをテレパシーで相手の頭の中に直接届けることはできません。人と人の間でやりとりされるのは、考えではなくコトバやモジです。モジは単なる記号であり、コトバは単なる信号です。

つまり私たちは自分の考えを、モジやコトバという共通のツールに置き換えて相手に伝達していることになります。

ミスが起こりやすいのは、頭の中をコトバに変換するときです。自分の考えをコトバに置き換えるプロセスで情報に歪みが生じて、間違ったカタチで相手に伝わってしまうのです。

相手が情報を受け取るときも同じです。翻訳がうまくいって自分の考えを過不足なくコトバにできても、相手がコトバを理解するときに歪みが生じると、こちらの意図が正しく伝わりません。そこでコミュニケーションのズレが起きるわけです。

コミュニケーションのズレは、時間のロスだけでなく感情にも悪影響を与えます。「自分はこういうつもりだった」、「いや、そういうニュアンスではなかった」という水掛け論は人間関係に軋轢《あつれき》を生み、精神的に摩耗します。

こうした擦れ違いが起きる原因を、伝達手段のせいにするのは早計です。

むしろ自分の意図が正しく伝わらない根本的な原因は、考えをコトバに置き換えるときの変換ミスにある可能性が高い。ここを間違えると、ムダな努力を重ねることになります。

10 形容詞を使わず、数詞で話す

変換ミスを防ぐために意識してほしいことが一つあります。それはコミュニケーションに形容詞を使わないことです。

早い、遅い、大きい、小さい、多い、少ない、高い、低い――。

これらの形容詞は、情報伝達において誤解を生む原因になります。

たとえば「早く資料が欲しい」といったとき、「いますぐ」という意味なのか、「二時間後」なのか、あるいは「定時の一七時まで」や「明日の朝まで」なのか。それが曖昧なままだと、相手は「早く」を自分の尺度で解釈して行動します。その結果、こちらは「いますぐ」のつもりだったのに、資料が届いたのは次の日だったという事態が起きるわけです。

こういった事態を防ぐためにも、仕事上のコミュニケーションには、お互いが共通の単位として使えるコトバを用いることが必要です。

共通の単位として活用したいのが数詞です。「早い時間帯に」は聞く人によって頭に思い描くものが変わるので共通の単位になりませんが、「午後三時までに」といえば誰でもわかります。時刻の読み方は小学校で習い、基本的に海外でも通じる。まさしく共通の単位です。

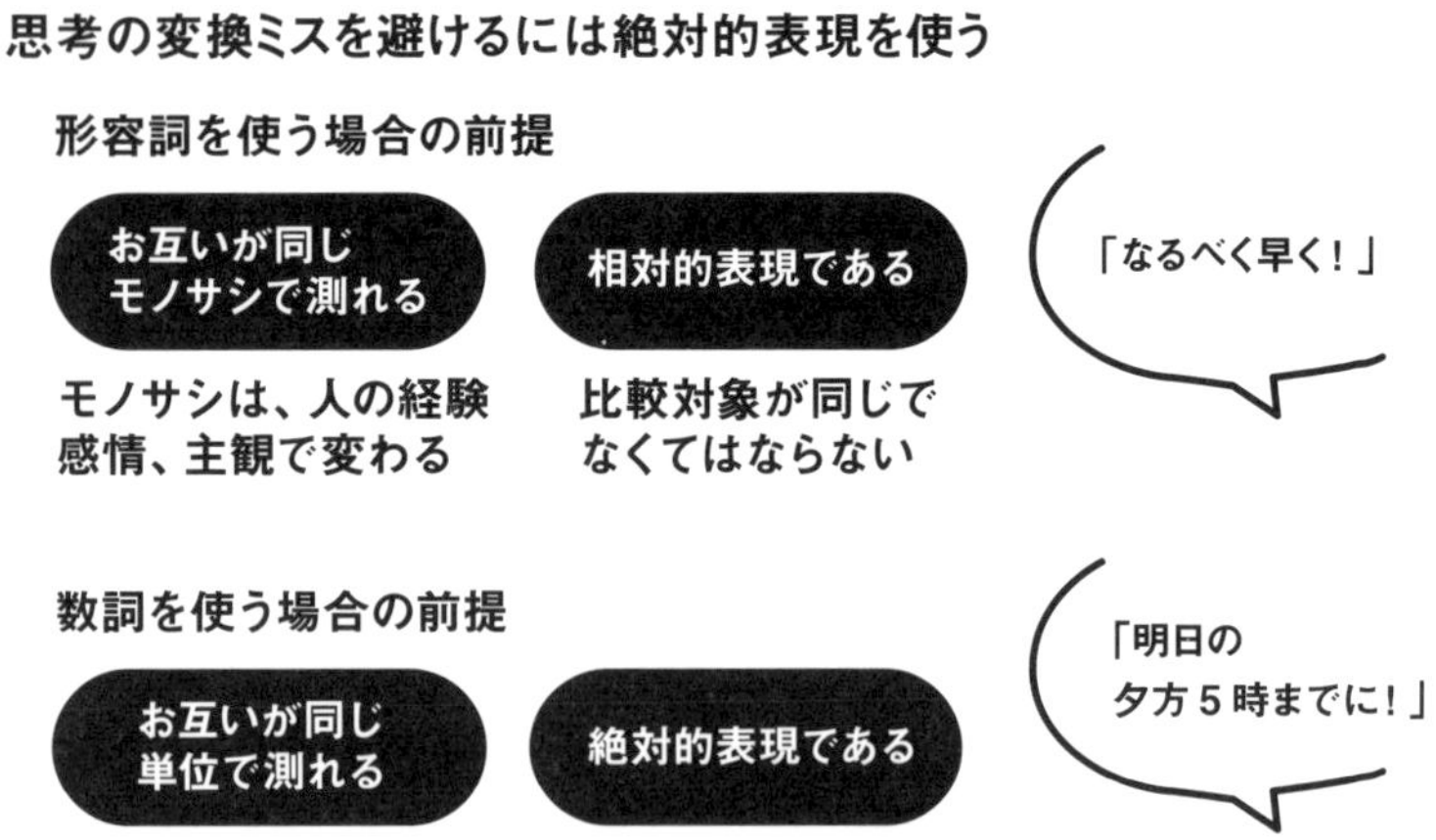
思考の変換ミスを避けるには絶対的表現を使う
形容詞を使う場合の前提
お互いが同じ
モノサシで測れる
相対的表現である
「なるべく早く！」
モノサシは、人の経験
感情、主観で変わる
比較対象が同じで
なくてはならない
数詞を使う場合の前提
お互いが同じ
単位で測れる
絶対的表現である
「明日の
夕方５時までに！」

形容詞で指示を伝えると、相手が自分の都合のいいように解釈してしまい、時間のロスにつながる。それを避けるには相対的表現ではなく、数詞のような絶対的表現を使うのも一つ。コトバにする段階で、形容詞を数詞に置き換えるトレーニングをするといい。

「なるべく」、「だいたい」…副詞にも注意する

日本語には、形容詞以外にも曖昧さをともなうコトバがいろいろあります。ビジネスでいうと、「まとめる」、「やる」、「対応する」といった動詞や、「なるべく」、「だいたい」といった副詞がそれにあたります。これらのコトバは使い勝手がいいので、つい多用してしまいます。使うなとはいいませんが、これらの言葉も数詞に置き換えたほうが指示は明確になります。

たとえば大量の資料とともに、「これ、まとめておいて」という指示を出されても、言われたほうは、どの程度までまとめるべきなのかわからずに困惑します。指示は、「Ａ４判で二枚にまとめておいて」と数詞で伝えたほうが具体的であり、時間のロスを減らすことができます。

11 新人には明示し、達人には暗示する

コミュニケーションのミスを最小限に抑えるためには、具体性のある情報伝達を行うことが大切ですが、すべてを詳細にわたって伝える必要はありません。

明確に示す必要があるのは、あくまでゴールに関する情報です。一方、ゴールに到達するための手段については慎重な判断が必要です。相手のレベルによっては、手段まで示すことで逆に作業の効率を奪ったり、創造性の発揮を邪魔することがあるからです。

手段まで具体的に出す指示は「明示的」といえます。明示的な指示の対象になるのは未経験者です。たとえば未経験者に対し、「資料をつくっといて」といった漠然とした指示はあり得ない。勝手に任せると予期せぬ方向に仕事が進み、結局は自分が相手の尻拭いをすることになります。

「A社のデータは棚の二段目にあるから、Bくんの資料を参考に表紙は別にしてパワポ一〇枚にまとめてほしい」

時間のロスを防ぎたいなら、このように手段を明示的に示す必要があります。

明示的な指示の対極にあるのが「暗示的」な指示です。暗示的な指示は、手段ではなく目的を示します。資料作成なら、どの資料を参考にするというような細かいやり方は省いて、「来週のプレ

相手のレベルと仕事の内容で指示を使い分ける

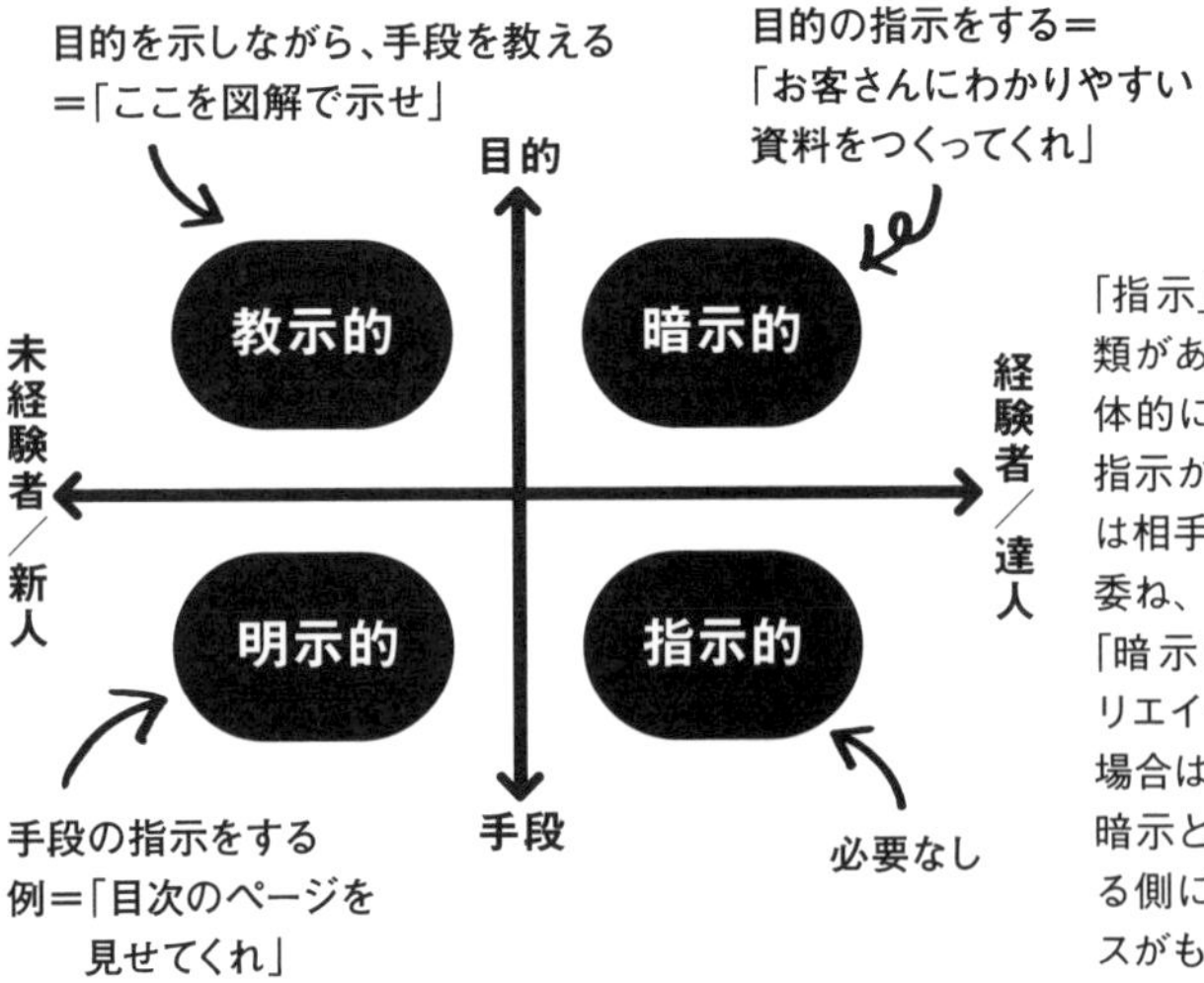

「指示」には４つの種類がある。手段まで具体的に示す「明示的」指示か、手段については相手に選択と判断を委ね、目的のみを示す「暗示的」指示か。クリエイティブな仕事の場合は、明示→教示→暗示と進むのが、教える側にとって時間のロスがもっとも少ない。

ゼン用なので、お客様にわかりやすいものをお願いします」と目的だけを示します。

暗示的な指示のメリットは二つあります。まず一つは、指示が一言で足りることです。

細かく手段を示さなくてもいいので、口頭なら一〇秒、メールなら二〜三行で十分です。一般的に上司は一日に何回も仕事の指示を出すので、この差は馬鹿にできません。

未経験者に対しては徐々に教示にシフトする

もう一つのメリットは、相手の手段を縛らないことです。たとえば上司より部下のほうが現場に近く、目的を達成するためにより現実的でスピーディな手段を知っているかもしれません。にもかかわらずやり方に口を出すと、相手の選択肢を奪うことになります。目的だけを示しておけば、最適な方法を相手が選んでくれます。

ただし、暗示的な指示は相手を選びます。暗示的な指示で期待どおりの成果を上げてくれるのは経験豊富なベテランです。手段のオプションを豊富に持っているからこそ、信頼してやり方を任せることができるのです。

先にも触れたとおり、未経験者に対していきなり暗示的な指示をするのは現実的でありません。最初は明示的な指示から始めて、「プレゼンの資料をわかりやすくつくってほしいが、どうすればいいと思う？」と教育しながら、徐々に手段から目的中心の指示へとシフトしていきます。これはいわば「教示的」な指示です。

一方、熟達したベテランに対して手段まで示すのは、「指示的」といえます。指示的なやり方は、時間のロスにつながると同時に彼らの自由な発想の足かせになります。もちろん、税務や法務といった逸脱が許されない業務や、コンプライアンス上、裁量を与えることが望ましくないケースもあります。この場合は相手がベテランであっても指示的にならざるを得ません。

このように相手のレベルや任せる仕事の内容によって、ふさわしい指示の出し方は違います。

大切なのは、具体的に伝えさえすればいいと安易に考えるのではなく、四つの指示をうまく使い分けながら、全体としてロスの少ない情報伝達を目指すことなのです。

12

時間軸でホウ・レン・ソウを区別する

指示の出し方というのは、上司から部下に向けてのアプローチです。では、部下から上司に対するコミュニケーションではどこに気をつければいいでしょうか。

上司へのコミュニケーションに関しては、昔からホウ・レン・ソウ（報告・連絡・相談）が大事だといわれます。

単なるごろ合わせに聞こえますが、報告、連絡、相談はそれぞれに役割があり、注意すべき点も異なります。その違いを意識することで、コミュニケーションのポイントが見えてきます。

報告は、過去の出来事に関するコミュニケーションです。緊急性は低いですが、そのぶん正確性や記録性が求められます。

正確に記録するという役割を満たすには、共有サーバなどを活用して報告内容をアップし、上司がいつでも閲覧できるようにしておくことが理想的でしょう。報告すべきことがあるたびに上司に口頭で伝える人もいますが、それは報告の役割をはき違えている証拠です。往々にして、上司の時間をムダに使わせることになります。

相談とは、いま起きていることに関するコミュニケーションです。現在進行形なので緊急性は高

コミュニケーションの役割により手段を変える

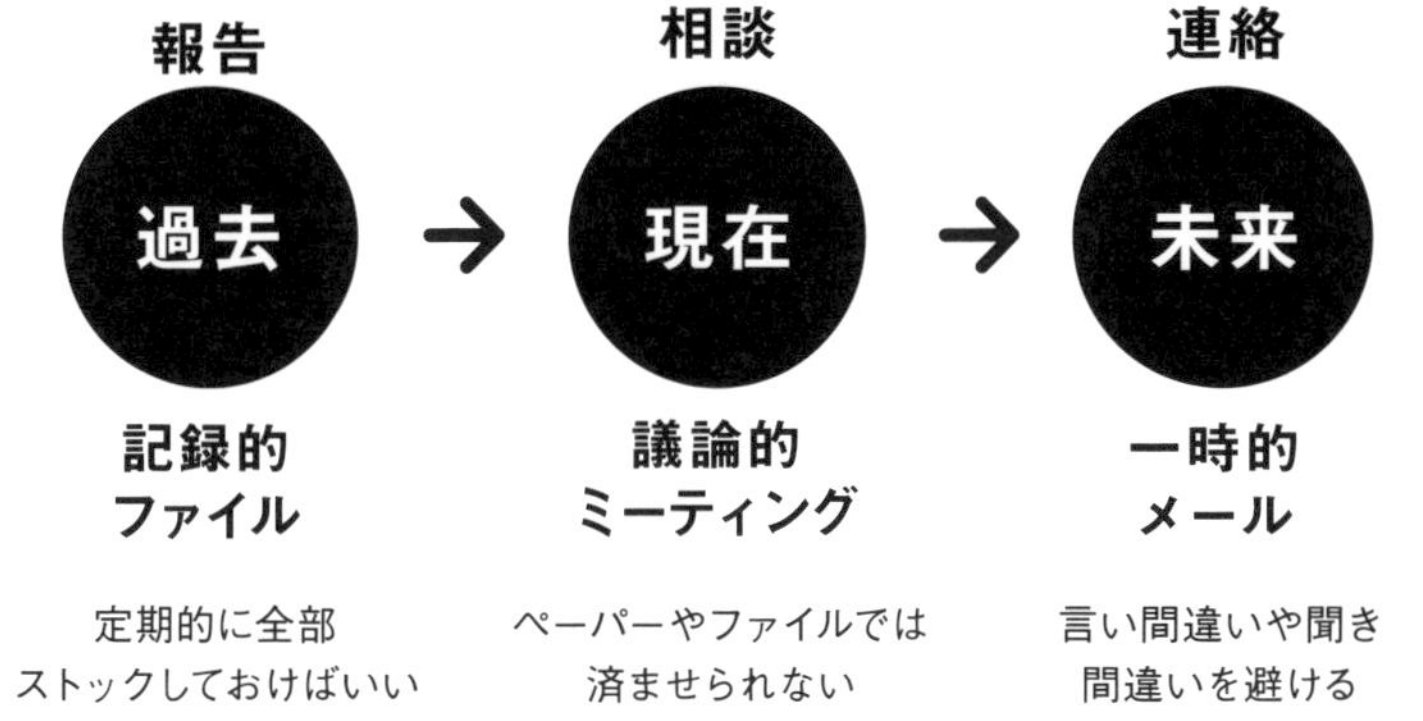

「報告」とは過去のコトに関するコミュニケーション。「相談」は現在のコト、「連絡」は未来のコト。見ていくと、それぞれが時間にひもづいていることがわかる。記録的か、議論的か、一時的か。コミュニケーションの手段もまた、目的によって変わってくる。

めです。過去を報告するのと違い、内容は流動的、あるいは議論的です。

コミュニケーションの手段にも臨機応変さが求められるので、対面のミーティングが最適です。直接面と向かって伝えれば、言語化しにくい現場の雰囲気なども伝わりやすいでしょう。

連絡では、情報を可視化してカタチでやりとりする

最後の一つである連絡は、未来の予定に関するコミュニケーションです。たとえば「明日の待ち合わせは一〇時です」、「来週の月曜日に、お客様が来店します」といった情報伝達がこれにあたります。

連絡した情報は、予定が実現した時点で不要になります。その意味では一時的であり、ずっと残しておく必要はありません。また相談と違って議

論的ではないので、わざわざ直接会って話す必然性も低いといえます。

連絡で注意したいのは、言い間違いや聞き間違いによるミスです。予定が確実に実行されるためには、情報を可視化できるカタチでやりとりしたほうがいい。その役割を効果的に満たせる手段としては、メールによるコミュニケーションが適しています。


このように報告、相談、連絡では目的が違うだけでなく、ふさわしいコミュニケーションの手段も異なります。

それぞれの目的や手段を混同すると、緊急に相談する必要があるのにメールでのんびりやりとりしたり、未来のことについて連絡するだけなのに会議を開いて話し合うというミスマッチが起きます。こうしたミスマッチは時間のムダを生み出すので要注意です。

13 仕事のリードタイムを短縮する

一区切りついたプロジェクトについて、上司から報告書の作成を頼まれました。記録的な意味合いが強い報告書なので、全体で五〇ページほどのボリュームになりそうです。

このようなとき、あなたは最後までカンペキに仕上げてから、報告書を提出するでしょうか。それとも数ページ書くごとに順次、送るでしょうか。

じつは最後まで書き上げてから提出するのは、賢い時間の使い方ではありません。提出されるまで上司は報告書の中身をチェックできず、待ち時間が発生するからです。

さらに上司のほうも報告書にすべて目を通してから修正の指示を出すようだと、こんどは部下の側にも待ち時間が発生します。お互いにこうしたやりとりを繰り返せば、その分だけムダな時間は膨らんで、リードタイム（作業着手から納品までの期間）が延びていきます。

私が部下の立場なら、一〇ページ書くごとに上司に送ります。そうすると私が次の一〇ページを書く間に、上司は先に送った一〇ページをチェックして修正などの指示を出すことが可能になります。このように仕事を細分化すれば、お互いの待ち時間が減り、結果的にリードタイムの短縮につながります。

タスクごとに分割するか、ロットを縮小するか

このとき、仕事の細分化には、二通りのやり方があります。タスクごとに分割するか、ロットを縮小するかのどちらかです。

タスクごとの分割とは、「報告書の目次をつくれ」、「本文の下書きができたら提出を」というように工程を細かくするコトです。ロットの縮小とは、「五ページごとに提出を」というように作業単位を小さくしてやりとりするコトです。

どちらにしても細かくすれば相手の待ち時間が減り、全体のスピードアップにつながります。もちろん、細かすぎてもいけません。一定の作業量単位より小さくすることは、逆効果にもなります。相手とのコミュケーションをしっかりしておくコトも大切です。

14 既決ボックスを撲滅する

マネジメント職の机の上によく置いてある「未決ボックス」と「既決ボックス」。上司の決裁が必要な書類が未決ボックスに次々と放り込まれ、上司は決裁後、既決ボックスに書類をいったん移して、部下に投げ返していくという流れで活用されています。

いっけん効率よく見えますが、じつは大きなムダが隠れています。

決裁を経た書類を既決ボックスに溜めると、指示のロットが大きくなります。もともと「Aをやってほしい」で済むのに、「AとB、Cをやって」とまとめて指示するようになり、相手に待ち時間を発生させてしまうのです。

タスクを分割したりロットを縮小しても、相手に投げ返すところで流れを止めると結局は待ち時間が発生して全体のスピードが鈍ります。

理想をいえば、既決ボックスには書類が一枚もないほうがいい。決裁したら、すぐに部下に回す。それでこそ仕事の細分化は効果を発揮します。

すぐボールを投げ返したほうがいいのは、どのような関係でも同じです。チームで仕事をするときに誰か一人でも反応が遅い人がいると、そこがボトルネックになって流れが止まります。

ワンデー・レスポンスを基本とする

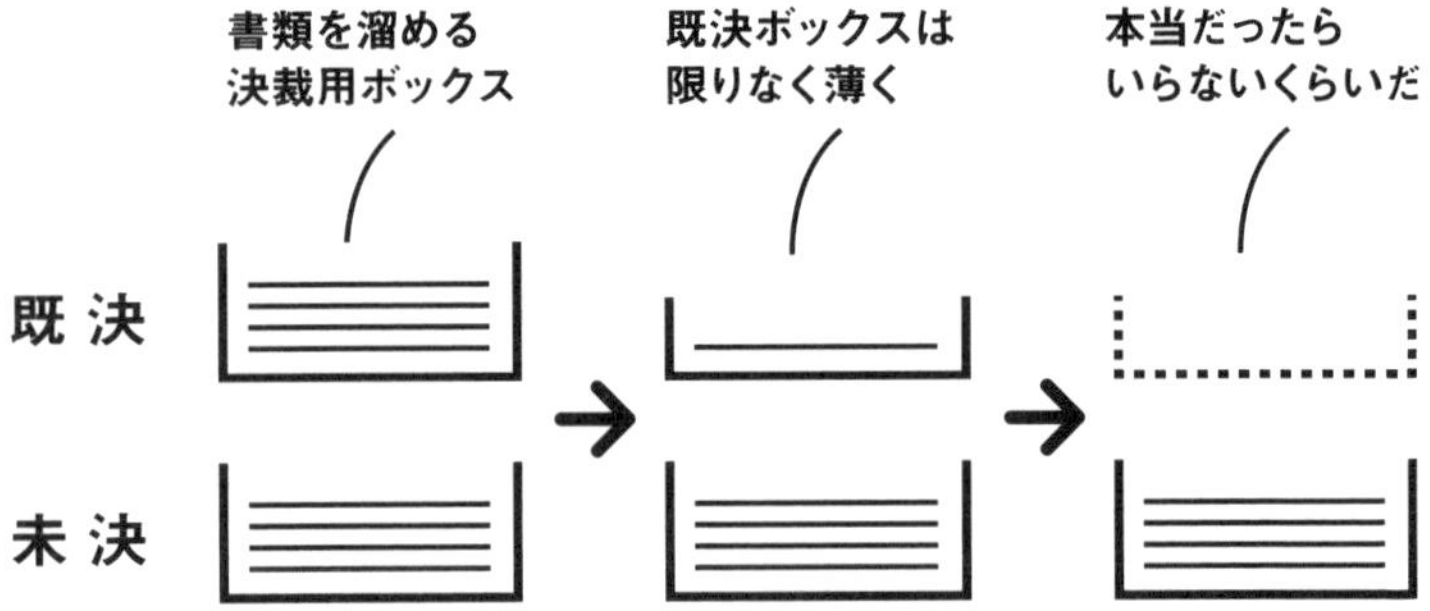
書類を溜める
決裁用ボックス
既決ボックスは
限りなく薄く
本当だったら
いらないくらいだ
既決
未決

既決ボックスこそ、不要なリードタイムの象徴。いったん既決ボックスに溜めると、指示のロットが大きくなるのも問題。タスクやロットの細分化で、渡されたらすぐに相手に投げるワンデー・レスポンスやワンセンテンス・レスポンスがスピード化の基本だ。

チームプレイにおいては、誰かからボールを渡されたら二四時間以内に反応するワンデー・レスポンスが基本です。作業そのものは終わらなくてもかまいません。「あと二日かかります」と返すだけでも相手は安心します。

メールでも同じです。受信ボックスに溜めず、できるだけ早く返信するようにします。いちいち返事を書くのは大変だという人は、ワンセンテンス・レスポンスを目指すのも一案です。メールを書くのを億劫に感じるのは丁寧に返事を書かなくてはいけないという意識があるからです。とくにチーム間のメールで求められるのは、丁寧さよりスピードです。長々と返事を書く必要はなく、一行でいいのです。

一行あれば四〇字近くの文字が書けます。それだけあれば、イエスかノーか、それともそれ以外なのかという返事を書くのに十分です。

15 分担作業ではなく、チーム作業をする

仕事に複数の人がかかわると、さまざまな面でロスが発生しやすくなります。それでも私たちがチームを組んで仕事にあたるのは、個人でできることに限界があると知っているからです。

ただし、一＋一が二になるという力の合わせ方では、相手がいることによって発生するロスのほうが上回るかもしれません。一人一人がうまく力をかけあわせて人数分プラスアルファのものを生み出してこそ、チームでの仕事の意味があります。

そのことは分担作業とチーム作業の違いを考えるとわかりやすいでしょう。

分担作業とチーム作業は、似ているようで違います。分担作業では、「この作業はAさん、この作業はBさん」と仕事をカタチで分けて進行します。分け方はさまざまです。部署や係で組織的に分けたり、ここまでは営業担当の仕事、ここから先は技術担当の仕事というように職種で分けたりします。分担した仕事のそれぞれは、形式的なまとまりの状態で存在しています。しかし、それ以上でもそれ以下でもありません。

一方、チーム作業では、「この役目はAさん、この役目はBさん」と、仕事の役割の分担を行います。役割で分担すると、それぞれが自己完結した単独のパーツでなく、お互いに有機的なつなが

りを持った状態で存在します。

エリアで仕事を分けると、一＋一がマイナスになる

野球にたとえてみましょう。分担作業で守備についているチームは、ライトとセンターの中間付近にボールが飛んできたとき、お互いがこう言います。

「このボールは、センターか、ライトか」

「センターなら俺の仕事だが、ライトならお前の担当だ」

こうした議論が起きるのは、エリアというカタチで仕事を分担しているからです。こうなると、一＋一が二になるどころか、むしろマイナスといえます。

一方、役割で分担しているチームにとって、守備範囲は便宜上の分担に過ぎません。センターの選手にとってもライトの選手にとっても、必要なのは《ボールを捕る》というコトです。《アウトカウントを増やす》という役割は共通であり、どのエリアに落ちるのかは重要な問題ではない。

お互いの役割をわかっていれば、境界線上に落ちたボールにも臨機応変に対応して、近いほうが落下地点に向かい、もう一人はカバーに回るという連係プレイで、チームの目的を達成しようとするでしょう。

わかりやすい例を、もう一つあげましょう。高さ三メートルのところに、おいしそうな果物が実

組織と個人の関係を考えてみる

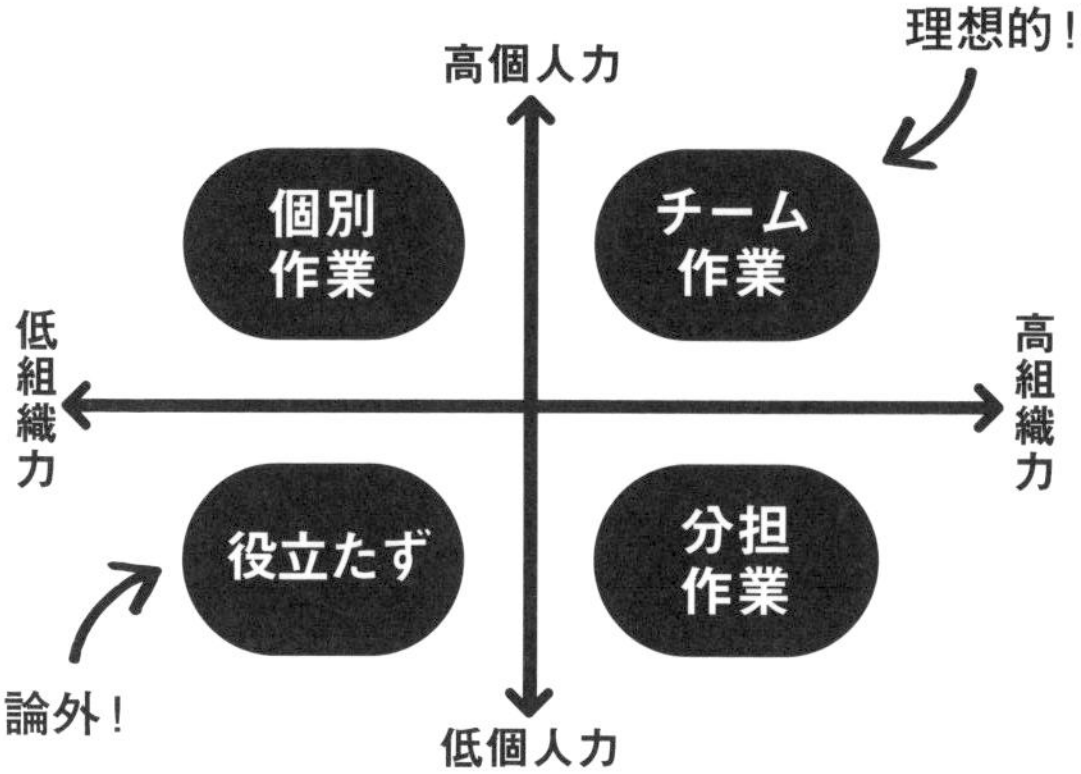

「個人力」「組織力」×「高」「低」のマトリックスで、メンバーのタイプを4つに分類してみる。こうしてみると、右下＝「分担作業」ができるタイプと、左上＝「個別作業」ができるタイプをいかに右上＝「チーム作業」ができるタイプに引き上げるかがカギとわかる。

分担作業とチーム作業は似ているようで違う

たとえば野球…
守備範囲は
便宜上の分担に過ぎない。

たとえば騎馬戦…
全員が騎士だと勝てない。
馬役がいるから勝てる。

エリアや職種で作業を分担することで、1＋1が２でなくマイナスになる場合がある。エリアや職種はカタチに過ぎないからだ。一方、役割で仕事を分担することで、お互いが相手の仕事をカバーすることが可能になれば、越えられないと思った壁も越えることができる。

っていたとします。

分担作業をしているチームではお互いが自己完結で仕事をしているので、一人一人がそれぞれにジャンプして果物をもぎとろうとします。しかし、一人がどんなに高くジャンプしても三メートルの高さには手が届きません。分担作業では、一人一人が頑張っても越えられない壁があるのです。

では、高さ三メートルのところにある果物を、どうすれば手にできるのか。

答えは簡単です。

何人かが集まって肩車をしたり、組体操の要領でピラミッドを組めばいいのです。

一人一人の背は低くても、同じ目的に向かって有機的に協力しあえば、背の高い人が一人一人単独でジャンプするより、ずっと高みに到達できます。これこそがチームプレイの醍醐味といえます。

たとえば騎馬戦も同じです。全員が騎士役をやりたがると騎馬が成り立ちません。騎士役と馬役がそれぞれ同じ目的に向かって協力し合うからこそ、勝利に近づけます。

仕事において必要なのは、分担作業ではなくチーム作業です。形式的まとまりの状態から、有機的つながりの状態へ。

それによってはじめて、個々の力の寄せ集め以上のことを成し得るのです。

16 外発的因子でアイデアの連鎖を生み出す

アイデアがたくさん欲しければ、アイデアが生み出される仕組みを理解することです。アイデアは、外発的因子（知覚情報）によって、脳内の内発的因子（意識、経験によりできる反応因子）が刺激されたときに湧き上がります。

テレビで交通事故のニュースが流れていたとします。ニュースは外発的因子です。同じニュースを見ても、悲しむ人、怒る人、冷静に原因を追究する人、あるいは何も感じない人など、反応はさまざまです。人によって反応が異なるのは、個人の持つ知識や経験に差があるからです。知識や経験によって、外発的因子に反応して悲しみの感情が湧いてきたり、逆に何も反応しないケースもあるでしょう。

チームで発想すれば、どんどん広がっていく

アイデアも同じで、あるニュースを聞いてひらめく人もいれば、無反応な人もいます。アイデアが生まれるかどうかは、個人の知識や経験しだい。これが個人で発想するときの限界です。

しかし、チームの場合は違います。誰かが外発的因子に反応してアイデアを出せば、そのアイデ

外からの刺激により、アイデアが飛び出す

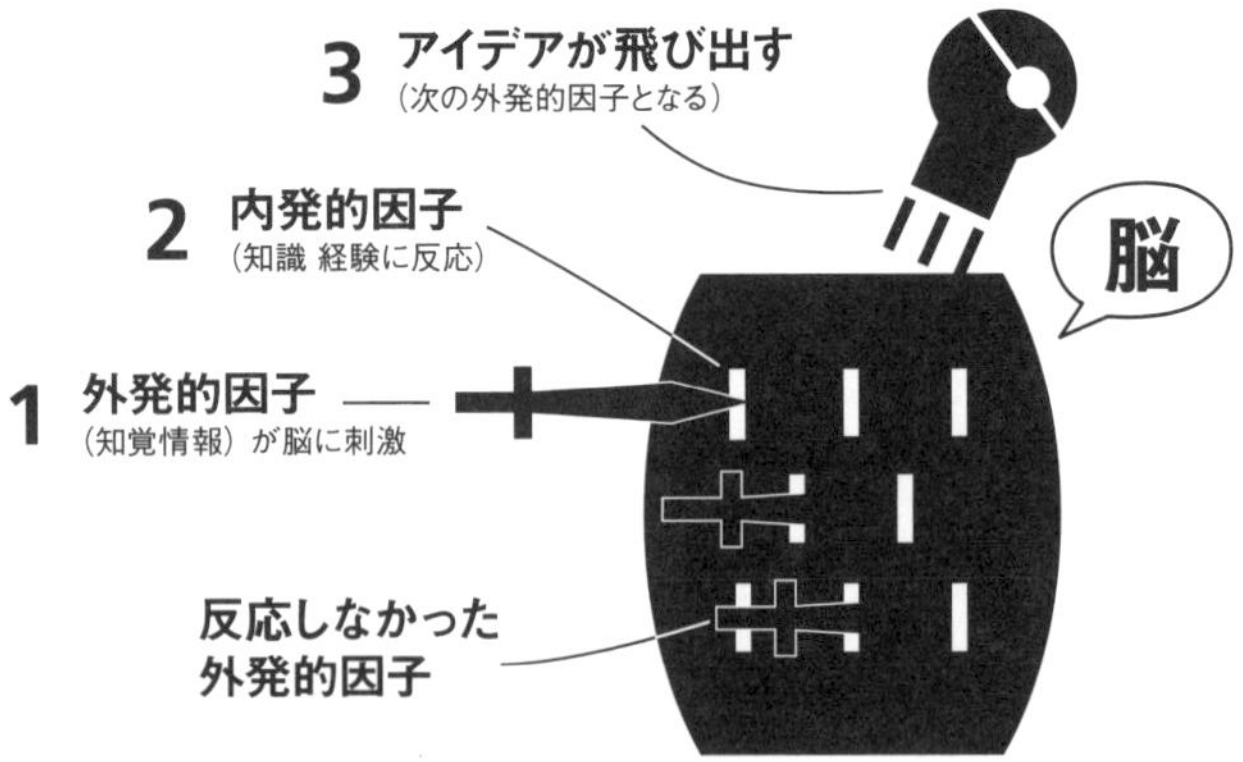

誰かが外発的因子に反応してアイデアを出せば、次にそれが別の誰かの外発的因子となる。一つだった外発的因子が増えることで、チームでのアイデアの連鎖が起きる。

アがまた別の誰かの外発的因子となり、新しいアイデアの引き金になる可能性があります。お互いに刺激しあうことで、最初はたった一つだった外発的因子が次々と増えていき、アイデアの連鎖を引き出していく。チームで発想すれば、ブレーンストーミングに代表されるようにアイデアはどんどんと広がっていくのです。

個人でも、アイデアが次のアイデアを引き出すという現象を起こすことは可能です。しかし個人の場合、内発的因子の反応に限界があります。そのため、アイデアの生まれ方も単線的になりがちで、連鎖が途切れたらそこでおしまいです。

一方、チームでのブレーンストーミングでは、アイデアが相乗的に増えていくため、その気になれば連鎖を無限に続けていくことができます。そこに個人で発想するときとの決定的な違いがあるのです。

17 根回しの効用を問い直す

インパクトの大きいことを相手に伝えるとき、みなさんは事前に根回しをしているでしょうか。関係者間で事前に調整を済ませておく根回しは、日本の企業文化の一つです。ただ、社内政治と結びついてダーティなイメージで受け止められる場合が多く、最近では根回し不要論を主張する人も増えています。

しかし、根回しの目的は、単なる意見調整ではありません。根回しの目的は、《インパクトを和らげる》コトです。

根回し抜きで物事を進めれば、突然の変化についていけずに感情的なトラブルに発展することもあります。たとえば人事異動や事業の統廃合などはインパクトが大きく、根回しなしでやると現場が混乱します。それを防ぐために事前にコミュニケーションを取り、相手の戸惑いや不安を最小限にとどめるわけです。

もともと根回しは、樹木を植え替えるときに使われるガーデニング用語です。

成長した樹木を別の場所に移すとき、何の工夫もなくそのまま移植すると、枯れる確率が高くなります。樹木は、根の先に生えている細根から水や養分を吸い上げます。しかし移植時には、根の先端部を切って運ばざるを得ません。その結果、水や養分を吸わない根元の固い部分しか残らず、移植して水をあげても枯れてしまうのです。

では、植木屋さんはどのような工夫をしているのか。

樹木を移植する前に、まず根元の太い根の一部分の皮をぐるりと剝《む》きます（環状剥皮）。ふたたび土中に埋めて放置すると、剝いた部分から細根が生えてきます。これを何度か繰り返すと、根元にたくさんの細根が生えてきて移植に耐えられるようになります。この一連の作業を根回しといいます。この造園技術の用語が転じて、いつしかビジネスでも根回しという表現が使われるようになりました。

厳しい決断のもとでも相手が枯れない配慮をする

こうした経緯を踏まえると、ビジネスに求められる根回しのプロセスも見えてきます。

ガーデニングでは移植の前に環状剥皮して樹木に刺激を与えます。ビジネスの根回しも同じで、まずはこれから起きることを告知して、新しい空気に触れさせる必要があります。

ガーデニングの場合は環状剥皮のあとに元の場所に埋め直して、細根が生えてくるまで放置します。ビジネスも同様で、告知したあとは相手の準備が整うまでじっくり待つプロセスが必要です。

事前に告知して新しい環境を実感させ、元の環境に戻して、対応時間を与える。こうしたプロセ

根回しによってインパクトを和らげる

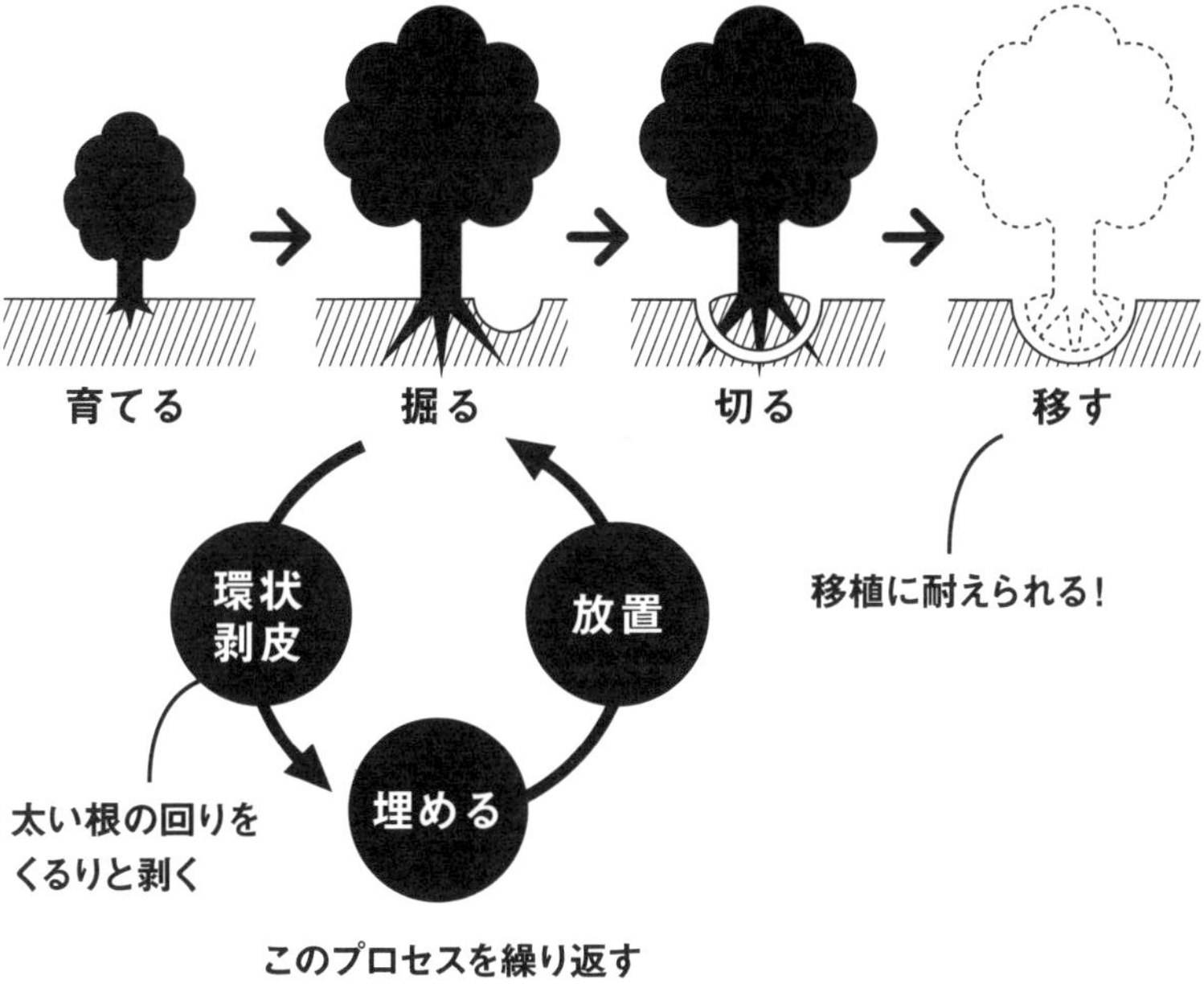

成長した樹木を別の場所に移す際、環状剥皮（かんじょうはくひ）という技術が用いられる。太い根の一部分の皮を剥き、再び地中に埋めて放置するという作業を繰り返すことで、土から養分を吸収するための細根が生え、移植をしても枯れずに済む。

スを経ることによってインパクトが和らげられ、物事がスムーズに進むようになります。

ガーデニングの根回しに手間と時間がかかるように、ビジネスの根回しにもそれなりの手間と時間が必要です。それが組織のスピードを鈍らせるという意見もあるでしょう。しかし、根回しにかかる手間や時間は、人を活かすために必要なムダです。根回しなしで進めてまわりを枯らせるやり方が、組織に良い成果をもたらすとは思えません。

ビジネスでは、ときに相手に衝撃を与える厳しい決断を迫られることがあります。

そうした決断のもとでも、相手が枯れてしまわないように最大限に配慮する。その具体策が根回しなのです。

第3章

チームをマネジメントする

18

仕事の役割と手帳をリンクさせる

時間のマネジメントに欠かせないツールである手帳。あなたもお気に入りの一冊を持っているかもしれません。

ここではチームのマネジメントについて考える前に、あなたの仕事の役割と手帳の機能が合っているかを検証したいと思います。子どもが成長すると服のサイズが合わなくなりますが、それと同じように手帳も合わなくなっている可能性があるからです。

手帳というツールの機能を考えてみます。

一つ目は、《予定作業を助ける》ためです。手帳を開くのは空き時間を探すためであり、空き時間を探すのは新しいアポを入れたり、すでに決まったアポを動かすためです。スケジュールに一・四倍のバッファを取ったり、知的熟成の時間を確保できるように調整するのも予定作業の一種です。

二つ目は、《起きたことを記録する》ため。未来のために予定を調整するというより、「いつ誰に会った」、「誰とどこに行った」と日記がわりに使うのです。

三つ目は、《やる気を引き出す》ためです。手帳に年間目標を書き込んでモチベーションを刺激する人もいれば、仕事の期日を一目でわかるように色づけして自分を追い込む人もいます。これも手帳の機能の一つです。

四つ目は、《お互いの活動を伝えあう》ためです。これは家庭の冷蔵庫に貼ってあるカレンダーをイメージするとわかりやすいでしょう。冷蔵庫のカレンダーには子どもの遠足日程や親の出張の日程が書き込まれたりして、家族の予定をそれぞれが把握しやすいようになっています。

従来、こうした機能はカレンダーやホワイトボードのように一カ所に固定されたツールによって満たされていました。しかし、ＩＴ化によってスマートフォンやＰＣの手帳機能でもスケジュール共有が可能になりました。これは大きな進化です。

こうして見ていくと手帳には四つの機能がありますが、あなたがどの機能を重視するかは置かれた状況によって異なります。

手帳を見直すことで、人生のステージを知る

かつて私が重視していたのは、予定作業を助けるという機能でした。手帳もそれに合わせて、自分が使いやすいものを選んでいました。

一時期は、一カ月単位ではなく四週間単位の手帳を自作して使っていました。一カ月単位と四週間単位は、似ているようで微妙に異なります。月単位は月初や月末の曜日がバラバラで、月をまたぐプロジェクトを把握しづらい難点があります。四週間単位なら、その点は心配いりません。毎月

売上を計算する職種なら月単位の手帳が使いやすいのかもしれませんが、その必要のない私には四週間単位のほうが便利でした。

次に、四週間単位から一週間単位のバーチカルタイプの手帳で予定を管理するようになりました。プロジェクトマネジャーとしての仕事のほかに、個人としての仕事の活動が加わり、よりきめ細かな時間管理が必要になったからです。

しかし独立し、会社をマネジメントする立場になると、自分の予定をスタッフにも把握してもらう必要が生じました。そうなると自分の予定作業より活動を伝える機能が大切になります。その目的を満たすため、いまはクラウドのカレンダーでスケジュールを共有しています。

いずれにしても目的によって最適な一冊は違います。

目的が変わらなくても、人生のステージによってふさわしい手帳が変わる可能性もあります。自分の活動記録を振り返る必要がある業種や職種なら、活動を一日一ページで記録するタイプの手帳もいいかもしれません。

去年まで自分にふさわしかった手帳が、今年も使いやすいとは限りません。手帳と仕事はリンクしているので、仕事における役割の見直しは、手帳の見直しにつながります。

手帳が仕事を選ぶのではなく、仕事が手帳を選ぶのです。まずは、あなたの仕事の役割を明確にすることが大切です。仕事の役割が明確になれば、手帳の選び方や使い方はおのずと決まってくるでしょう。

19 会議の機能を数値化して見直す

ある電機メーカーの部長が、私にこうこぼしたことがありました。

「先月、出席した会議の数が五〇種類を超えました。一回一時間前後ですが、事前準備も含めれば月一〇〇時間を会議に取られてしまいました。もはや会議に出席することが私の仕事のようなものです」

これは極端な例かもしれませんが、毎日のように何かの会議があり、自分の仕事がなかなか進まないと悩んでいる人は少なくないでしょう。

会議の多くは、上長の不安から生まれます。現場から離れたマネジャーは、現場で何が起きているかを把握するために下にホウ・レン・ソウ（報告・連絡・相談）を求めます。それでも満足せず、会議をつくって不安を解消しようとするのです。

なかには仕事がヒマなので、自分は頑張って仕事をしているというアリバイづくりのために会議をつくるマネジャーもいます。

いうまでもなく、こうした会議は不毛であり、関係者にとってはいい迷惑です。

ただ、一度つくられた会議を廃止するのは容易ではありません。会議一つ一つを切り取ると、それぞれに存在意義があります。
プロジェクト会議の廃止を提案しても、「プロジェクト会議は必要だ」と言い出す人が絶対に出てきて、やめるにやめられないのです。

不毛な会議をなくすには、個別の会議で必要か不要かを判断するのではなく、組織で行われる会議全体をデザインする発想が求められます。

いま行われている会議には、それぞれ役割があります。会議は役割を果たすための手段に過ぎません。会議が乱立している組織は、ある役割に対して複数の手段が用いられて重複している状態にあります。そこで組織内で行われている会議を役割別に整理し、重複したモノを省いたり手薄なところを追加して、全体でデザインし直すのです。

会議の一〇の役割を、一ポイントか二ポイントで評価する

具体的には、会議を役割ごとに評価することから始めます。評価には、会議と役割のマトリックスを活用します。ヨコ軸は会議の名称、タテ軸は会議の役割です。
会議の役割は、ぜんぶで一〇あります。《現状を共有する》、《経営方針を伝える》、《負担を再調整する》、《方針を決める》、《意見を集める》、《不満を引き出す》、《やる気を高める》、《連携を強める》、《仲間を知る》、《一体感を育てる》です。

マトリックスで評価して全体のデザインを示す

	プロジェクト会議	部門会議	リーダー会議	課会議	工程会議	交流会	現行	理想	差
現状を共有する	◎			◎	◎		6	5	-1
経営方針を伝える		◎		△			3	4	1
負担を再調整する	◎				◎		4	2	-2
方針を決める	◎						2	3	1
意見を集める		◎		◎			4	3	-1
不満を引き出す				◎	△		3	2	-1
やる気を高める					◎		2	3	1
連携を強める			△		△	△	3	2	-1
仲間を知る			△			◎	3	2	-1
一体感を育てる	△					◎	3	2	-1

会議の10の役割を洗い出し、それぞれの会議がどの程度満たしているかを数値化してみる。◎と△で評価し、◎＝2 ポイント、△＝1 ポイントで集計してみると、どの会議を増やして、どの会議を減らすかが見え、会社全体の会議のデザインが描きやすくなる。

会議ごとに、これらの役割を担っているかどうかを、二ポイントと一ポイントの二段階で評価していきます。

たとえばプロジェクト会議は、《現状を共有する》、《負担を再調整する》、《方針を決める》という役割が強いので、これらは二ポイント。主な役割ではありませんが、《一体感を育てる》という役割も担っているので一ポイントをつけます。


各会議の評価が終われば、役割ごとにポイントを集計して、全体で現在どの役割が重点的に満たされているのかをチェックします。

《現状を共有する》という役割については、プロジェクト会議、課会議、工程会議がそれぞれ二ポイント評価とすると、全会議で六ポイントに。同じように役割ごとにポイントを集計した結果、《経営方針を伝える》が三ポイント、《方針を決める》が二ポイントだったとしましょう。

こうやって数値化すると、「現状共有の比重が重すぎる。六ポイントは多すぎるので、五ポイントにしよう」、「方針を決める会議が少ない。全体で一ポイントは増やすべき」と、現状の役割の過不足が浮かび上がってきます。


あとはこれを叩き台にして、会議の統廃合を行います。

「仲間を知るという役割が過剰だ。リーダー会議を廃止して、飲み会で代用させよう」

「課会議と部門会議は重複部分が多いので、二つをまとめてしまおう」

「プロジェクト会議の大部分は他の会議で代替可能。プロジェクト会議の議題は方針決定に絞り、時間を短縮してはどうか」

こうして数値をもとに全体をデザインしていくと、いっけん必要に見えた会議がじつは不要だったり、他の手段で代用できることがわかってきます。

全体のデザインを示せば、個別の視点で「この会議は絶対必要」と主張する人に対しても、統廃合を説得しやすくなります。

20

議事録は、運営シートで兼用する

会議を整理してムダを省いても、会議そのものの中身が薄いと意味がありません。出席者がただ座っているだけで、何も決まらずに議題が次回に持ち越しされる会議は最悪です。それぞれに課せられた役割を時間内にきちんと果たしてこそ、会議を開く意味があります。

そこで活用したいのが議事録を兼ねた運営シートです。これに必要事項を書き込んでいけば、あなたはムダなく会議を進行することができるでしょう。

シートには、まずその日の会議で扱うアジェンダ（議題、検討課題）を記入します。アジェンダが設定されていないとすれば、その会議は不毛です。アジェンダがないなら、たとえ定例会議だとしても中止にしたほうがいいでしょう。

アジェンダの設定には工夫が必要です。「○○について」だけでは焦点がぼやけます。書き方は、《○○について、△△を～する》を基本とします。たとえば「ロゴデザインについて」ではなく、《ロゴザデインについて、採用案を決める》とすれば、会議の目的が明確になります。

会議の開始時刻は、意図的に半端な時刻に設定します。通常一六時三〇分スタートの会議であれば、一六時三二分開始にします。半端な時刻設定にすると、その時刻に特別な意味があるような印

議事録をやめて、運営シートで会議を管理する

名称	××××会議	月日	×月×日	開始	16:32
議長	×× 参加	××、××、××		場所	××

Meeting Sheet

議題１	ロゴデザイン	目的	採用案を決める	分間	15
意見	色は虹色の配置がいい。赤からはじめる必要はない。躍動感のある配置がよい。				
結論	Ａ案を採用する。	期日		担当	××
議題２	印刷方法	目的	印刷会社を決める	分間	5
意見	Ｐ社がきれいで安価である。				
結論	Ｐ社に依頼をする。	期日	今日中	担当	××
議題３	発売数量	目的	セット数を決める	分間	5
意見					
結論	限定セットを100とする。	期日		担当	××
議題４	発売時期	目的	発売時期を決める	分間	10
意見	７月を予定していたが、９月とする。				
結論	９月に発売を開始する。	期日		担当	××
議題５		目的		分間	
意見					
結論		期日		担当	
議題６		目的		分間	
意見					
結論		期日		担当	
議題７		目的		分間	
意見					
結論		期日		担当	
議題８		目的		分間	
意見					
結論		期日		担当	

記録	××	承認	××	分数合計	35	終了	17:07

会議のムダを減らすには、運営シートにまずアジェンダ（議題、検討課題）を記入し、目的を明確にする。遅刻対策として、開始時刻は意図的に半端な時間に設定する。

象を参加予定者に与えて、遅刻を減らす効果があります。

一方、終了予定時刻を設定することはしません。「会議は一七時まで」と設定すると、参加者は一七時まで目いっぱいの時間を使って議論しようとします。こうなると時間を区切るデッドライン効果より、必要以上に議論に時間をかけるリスクのほうが大きいといえます。終了時刻は決めずに結論が出たら即解散というルールにしたほうが、濃い議論につながります。

結論は《△△を～する》という表現で記録する

時間短縮のために、ストップウォッチで時間を計るやり方も効果的です。アジェンダごとに結論が出るまでの時間を計って、その都度シートに記入して公表すれば、会議に時間を投資しているという意識が参加者に芽生えます。

会議で出た意見は、要点をまとめてシートに記します。結論は、最初に設定した《△△を～する》という表現で記録します。担当者の名前とあわせてシートに記入すれば、これがそのまま議事録になります。

会議のたびに詳細な議事録を作成する会社もありますが、そうした議事録が活用される場面をほとんど見たことがありません。

議論を積み重ねた証拠として議事録をつくりたくなるのかもしれませんが、議事録作成の時間と労力を考えると割に合わない。運営シートで兼用すれば十分です。

21 説明・遅刻・無発言を禁止する

私が会議の議長を務めるときは、効率を高めるために三つの約束を参加者にしてもらいます。

一つ目は「資料の事前理解」です。

たとえばロゴデザインを決めるというアジェンダがあるとき、各デザイン案の説明から入るケースを見かけますが、みんなで顔を突き合わせながらやる必然性はありません。資料の事前理解を義務づければ、当日は意見交換から入れます。

二つ目は「時間厳守」。あたりまえのルールですが、参加者が身内だけの会議では守られていないケースも目立ちます。一人が五分遅刻すれば、組織として五分×参加人数分の時間をムダにすることになります。議長は一分一秒の遅刻も認めない姿勢を示すべきです。

三つ目は「無発言者参加禁止」です。参加者の仕事は、会議に出席することではありません。会議で意見を出すことが仕事です。もし発言しなくても成り立つのなら、もともとその人は参加する必要がなかったか、会議そのものが不要である可能性もあります。

参加するなら発言する。発言しないで済む人がいるなら、無理して参加させないか、会議を取りやめる。そのどちらかです。

22

ルールとモラルの違いを知る

ルールとモラルの違いをご存知でしょうか。

モラルは、私たちが目指すべき中心点です。中心に近ければモラルが高く、同心円状に離れていくほどモラルは低くなります。

ルールは、モラルからこれ以上離れてはいけないという限界を示す境界線です。ルールは、守るか守らないか。一線を越えたらアウトです。

コンプライアンスが叫ばれる昨今、国や企業は以前に増して多くのルールを導入するようになりました。これはあまり望ましい状況ではありません。ルールが強調されると、境界線上の内側ぎりぎりのところに立つ人が増えます。モラルの中心から離れているのに、「ルールは守っているから問題ない」といって平気な顔をする人が増えるのです。

ルールは、モラルから離れないように自分たちを律するための手段の一つに過ぎません。私たちが目指すべきは、より高いレベルのモラルを身につけることです。ところがルールを強調しすぎると、ルールを守ることが目的化して、モラルが軽視される逆転現象が起きる。過剰なルールが、かえってモラルの低下を引き起こすのです。

過剰なルールは、モラルの低下を引き起こす

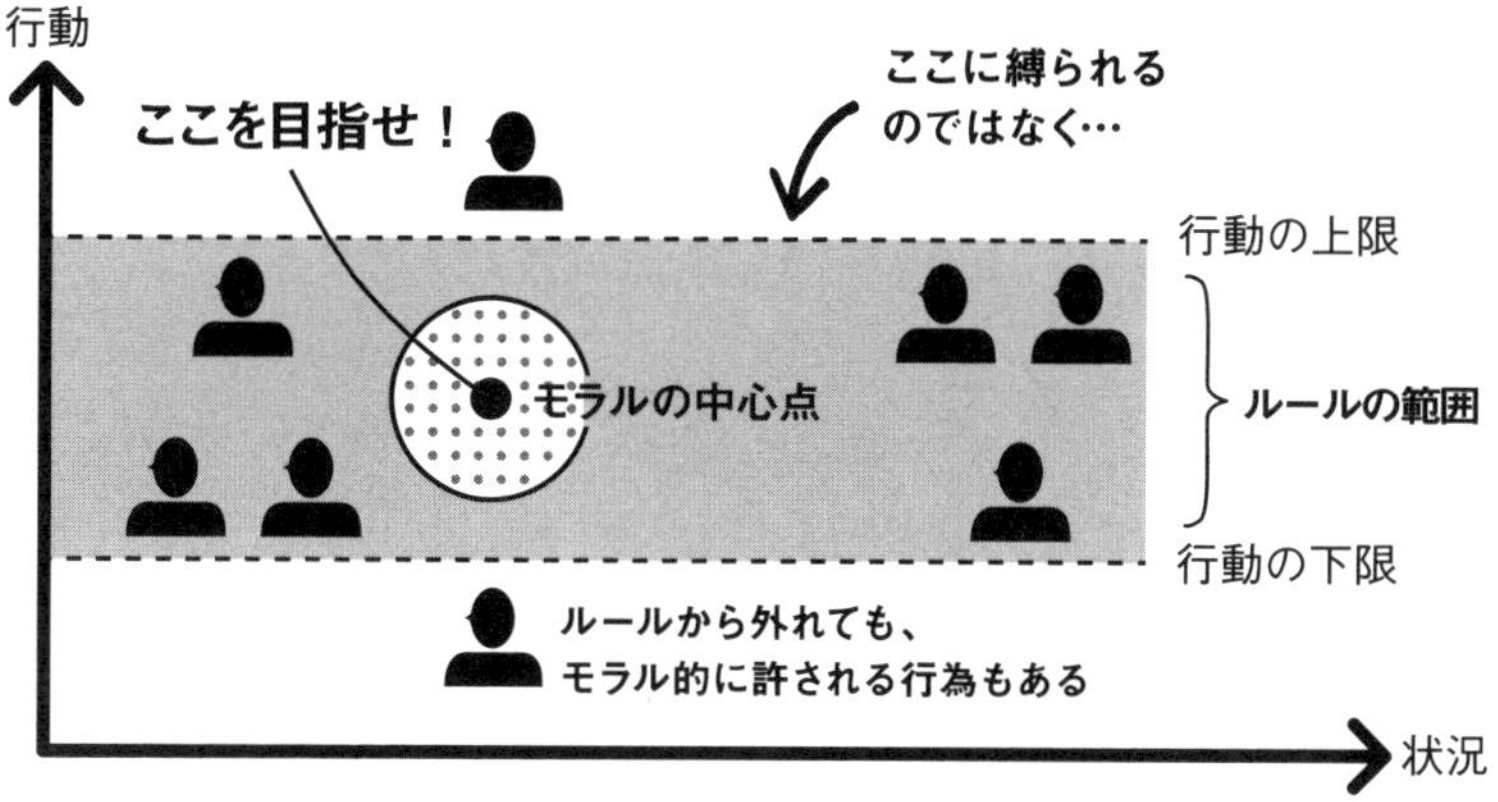

ルールを強調しすぎると組織が硬直化するだけでなく、ルールの境界線上の内側ぎりぎりに立つ人が増える。そうではなく、高いレベルのモラルを身につけることを目指す。

弊害はそれだけではありません。ルールが増えれば、手続きも増えます。手続きが増えれば組織の効率も落ちます。

優先すべきはルールよりモラル

組織がルールでがんじがらめになると、物事への柔軟な対応も難しくなります。現実社会は複雑で、ルールの向こう側だがモラルとして正しいことがいろいろあります。

優先すべきは、ルールよりモラルです。

ところが「ルールを守れ」と言われ続けるうちに、多くの人は形式主義に陥り、「ルールで決まっているからダメ」と硬直的な対応をしてしまいます。これは、組織を停滞させる原因の一つになります。

23 マニュアルでなくガイドラインで考える

ルール依存の危険性が顕著に現れるのは、不測の事態に直面した場合でしょう。

ルールとモラルを文書化すると、ルールはマニュアルに、モラルはガイドラインになります。

マニュアルは、内容が具体的です。歩行についてのマニュアルがあるとしたら、右足を出して、次の左足を出す動作がノウハウとして示されます。

ある意味では親切ですが、不測の事態に直面すると役に立ちません。たとえば歩く先に障害物があったとします。マニュアルがその事態を想定していなければ、マニュアル頼りの人はお手あげになる。次の一歩をどこに踏み出せばいいのか、自分で考える訓練を積んでいないからです。

ガイドラインは、社員の自発性を育てる

一方、ガイドラインは抽象的で、目指すべき行き先が示されています。具体的な手段については読んだ人に委ねられていて、とくに縛りはありません。方法を自分で考える苦労はありますが、それゆえ不測の事態には強い。障害物を迂回するなり飛び越えるなり、いつもと同じように自分の頭で解決策を導き出せばいいのです。

マニュアル依存の危険性は危機のときに現れる

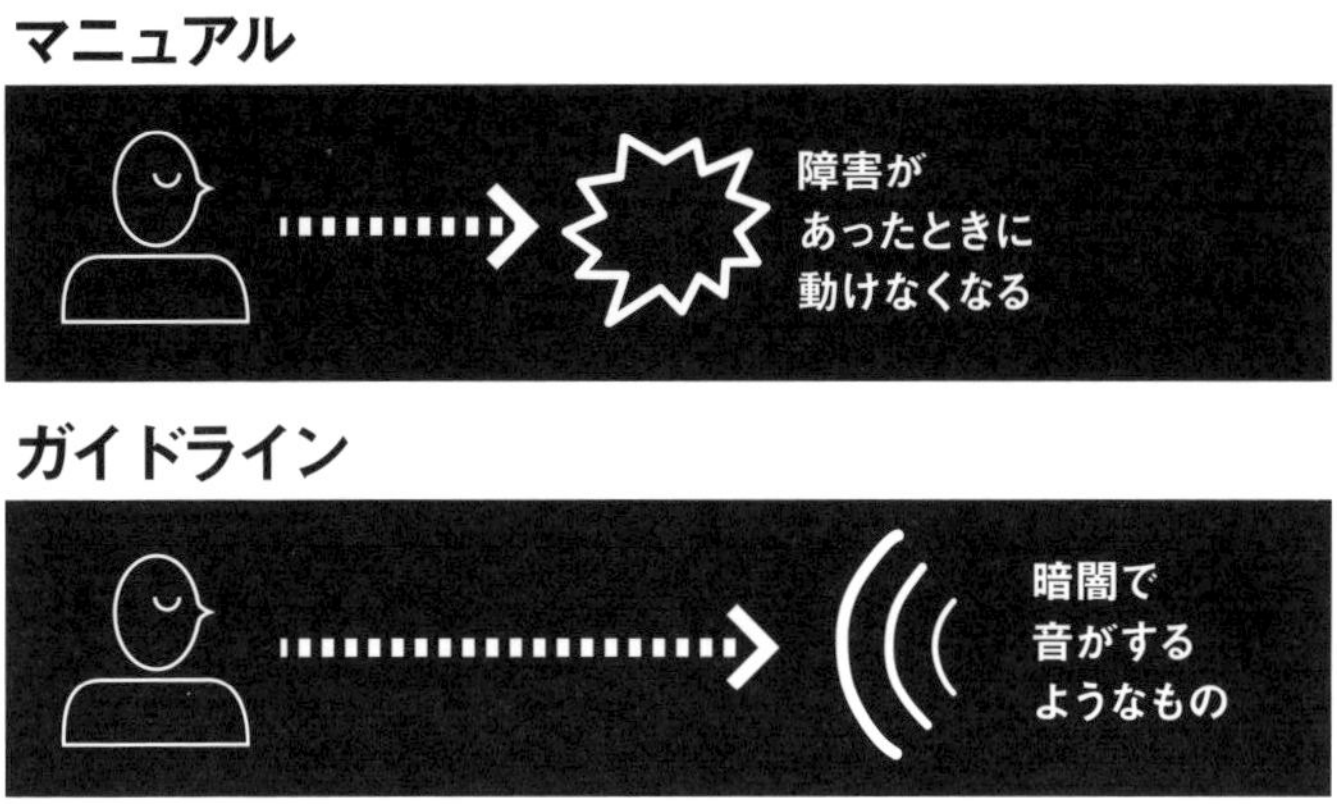

ルール＝マニュアル・具体的、モラル＝ガイドライン・抽象的ともいえる。会社から見て頼もしいのは、マニュアルを頼りにするのでなくガイドラインで動ける社員だ。

自分の頭で考えられる社員をどう増やしていくか

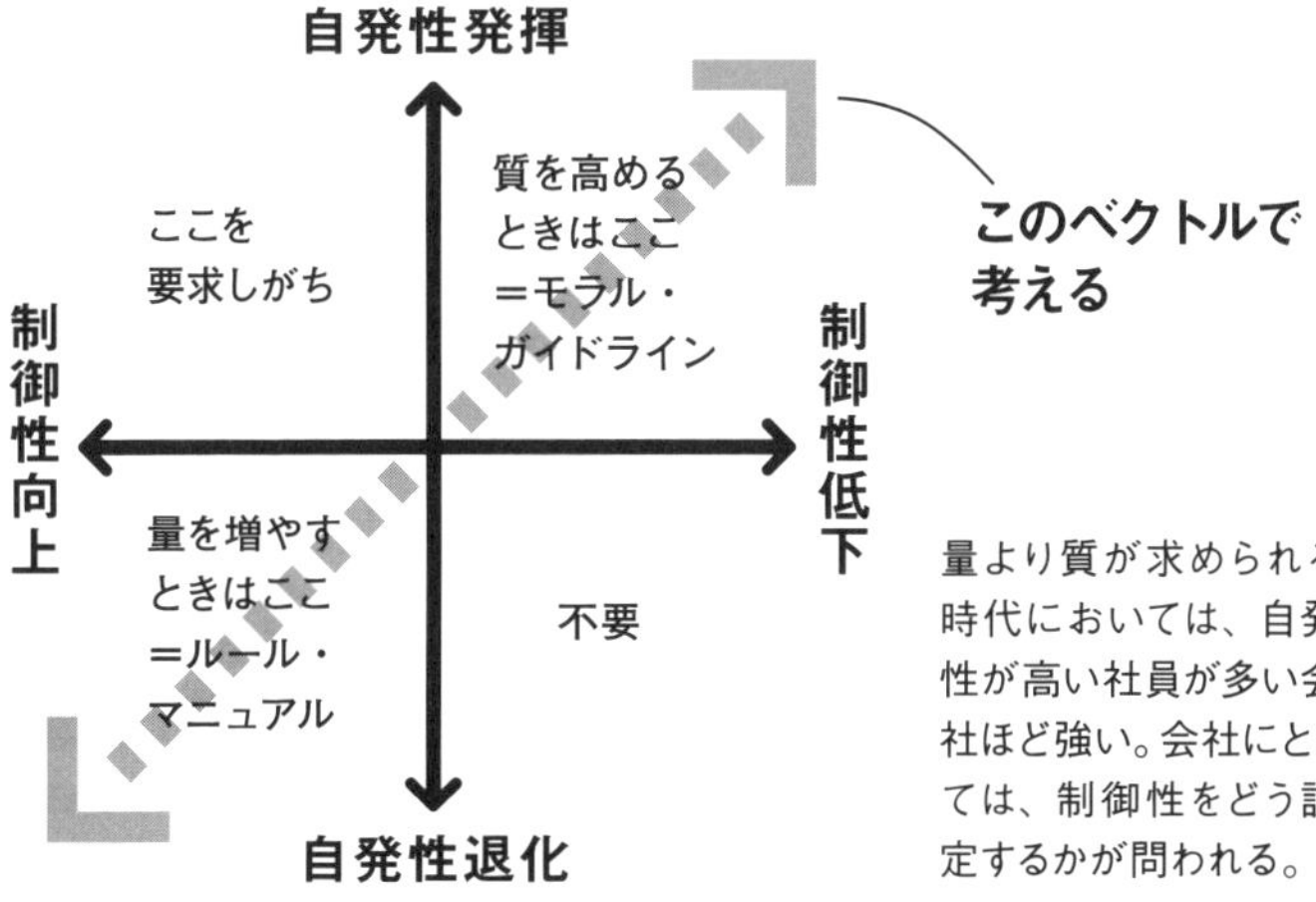

量より質が求められる時代においては、自発性が高い社員が多い会社ほど強い。会社にとっては、制御性をどう設定するかが問われる。

会社から見て頼もしいのは、ガイドラインで動ける社員です。

とくにマネジャーがマニュアル頼りでは困ります。不測の事態に直面したときに決断を下さなくてはいけない役目を担った人が、「マネジメントのマニュアルに書いてないのでわかりません」では話になりません。そうならないためには、普段からガイドラインをもとに自分で判断する訓練を積んでおく必要があります。


ガイドラインは、社員の自発性を育てます。自発性は、自由な発想を呼び込む起爆剤になって仕事の「質」を高めてくれます。

それに対してマニュアルは、社員の制御性を育てます。制御性が高い社員は、仕事の「量」を追求するときに能力を最大限に発揮してくれます。

どちらも一長一短ですが、市場がシュリンクして「量」より「質」が求められる時代においては、自発性の高い社員が多い会社ほど競争で優位に立てます。厳しい市場環境をサバイブするために、マネジャーは自らの自発性を高めるだけでなく、社員が自発性を発揮できる環境を整えていく必要があるでしょう。

そのとき頼りになるのは、ルールよりモラル、マニュアルよりガイドラインです。目指すべき方向を明確に示す一方で、余計な縛りを省いて、社員が自分の頭で考えて動く裁量を与えていく。それがこれから求められる組織のマネジメントなのです。

24 相互作用型の人材を育成する

チームから見たとき、個人のチームにおける参加形態は五つに分けられます。

形式的にチームに属しているものの、実質的にかかわりを持っていないのが「断絶型」です。一匹狼タイプといえば聞こえがいいですが、チームの生産性に貢献するメンバーとはいえません。チームから見ると「枯れ木も山のにぎわい」といったところでしょうか。

基本的にチームに無関心だが、自分にかかわるところだけ参加するのが「接触型」です。みんなで議論しているときに輪に入ってはきませんが、関心のあるテーマだけ口を出すタイプです。このタイプもチーム作業に向いているとはいえません。

次に、「相互作用型」です。このタイプはチームに協力的で、作業に積極的にかかわっていきます。同時に、チームに依存せずやっていけるだけの個人の力も備えています。

個人で磨いたことをチームに活かして、チームで学んだことを個人にフィードバックする。そうやってチームへの貢献と自己の成長を同時に進めていくのが特徴です。

相互作用型は確固たる自分があるので、チーム作業をしていても、「誰かにやらされている」という感覚がありません。これは仕事をしていくうえでとても大切なことです。

個人とチームの関係は5つに分けられる

高個人力 ↑　　　　　　　　　　　　　　　　　　　　低組織力 ↑

断絶型

チーム　個人

形式的にチームには属しているものの、生産性には貢献せず

接触型

チーム　個人

基本的にはチームに無関心、かかわれるところだけかかわる

相互作用型

チーム　個人

確固たる自分があり、かつチーム作業にも積極的に参加する

吸収型

チーム　個人

自分の意見はあるが、貢献を意識しすぎてチームの中に埋没

付和雷同型

チーム　個人

自分がなく、チームの決定にただ従うだけ

低個人力 ↓　　　　　　　　　　　　　　　　　　　　高組織力 ↓

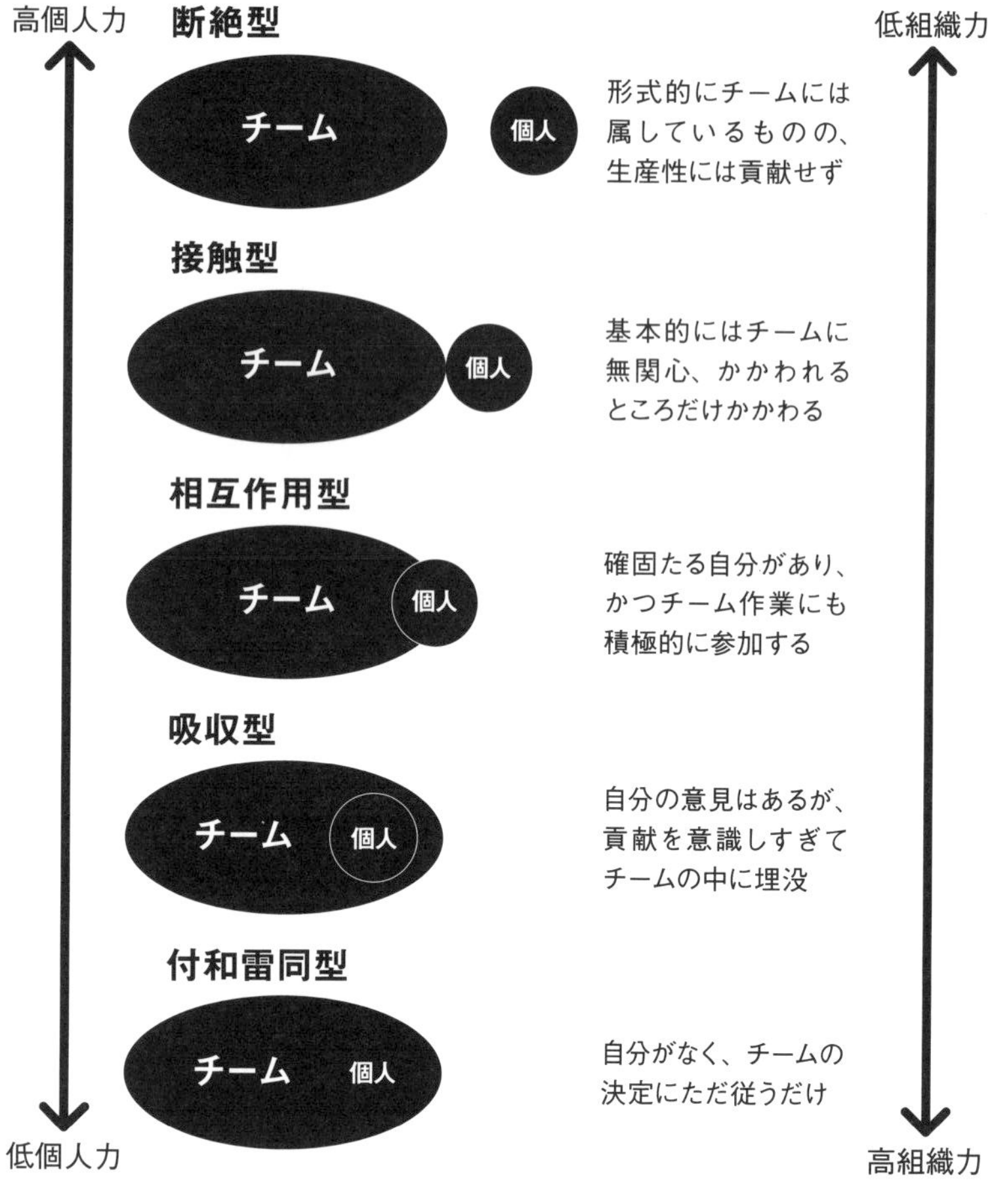

「個人力」「組織力」×「高」「低」の関係を別の視点から見てみる。組織＝チームにどのくらい貢献しているかと、個人＝パーソナルな部分をどのくらい持っているかで、5つに分けられる。長期的に貢献し、かつ貢献度が大きいのは、「相互作用型」の人材だ。

一方、チームへの貢献を意識しすぎて、チームの中に埋没する「吸収型」の人も少なくありません。いちおう自分なりの意見は持っていますが、チームの論理を優先するため、個の意見を表明することはありません。それが行き過ぎて自分で考えることをせず、チームの決定に諾々と従う「付和雷同型」になります。

自己成長のためのパーソナルな核を持つ

個人の成長には、核となるパーソナルな部分が必要です。ところが付和雷同型の人は肝心の核が失われているため、自己成長できません。チームから見ると代替可能な歯車に過ぎず、いずれ摩耗して他の人にとってかわられるリスクを抱えています。

チーム作業に最適なのは、パーソナルな部分をしっかり持ちつつ、そこにチーム作業を重ねていく相互作用型です。黙って従う吸収型や付和雷同型は、短期的に見るとチームに大きく貢献します。しかし、個人としての成長に乏しいため、長い目で見ると貢献度が減っていきます。継続的に貢献してくれるのは、自己で成長を続ける相互作用型なのです。

チームのリーダーは目先の扱いやすさや短期的な利益にまどわされず、長期的な視野で人材を育てていく必要があります。相互作用型の人の割合をいかに増やすか。それがチームを強くするポイントの一つです。

25 模倣性と創造性のバランスをとる

チームを有機的に機能させるためには、機械的に仕事を割り当てるのではなく、メンバーの強みが活きるように仕事を分担していくことも求められます。

仕事には、創造的なものと模倣的なものがあります。創造的な仕事には、新規性や独自性が求められます。一方、模倣的な仕事には、確実性や安定性が求められます。いわゆるＱＣＤ（クオリティ、コスト、デリバリー）です。模倣はネガティブなイメージでとらえられがちですが、企業活動においては、品質を保ち、低コストで、スピーディに物事を処理していく能力も重要です。

チームで作業するときは、創造的な仕事を創造が得意な人に、模倣的な仕事を模倣が得意な人に任せることが基本です。この組み合わせを間違えると、チームとしての効率はグッと落ちます。

模倣が得意な人にクリエイティブな仕事を任せても、新規性や独自性のあるものは出てきません。模倣と対極にあるものを求められるのですから、苦労するのは当然です。

逆に創造力のある人に模倣が必要な仕事を与えるとどうなるか。ある程度はこなせるかもしれませんが、本人は自由を奪われた感覚になってストレスを溜めていきます。どちらにしても個人が力をまともに発揮できず、チームとしてのパフォーマンスは下がっていきます。

創造と模倣では何が違うか

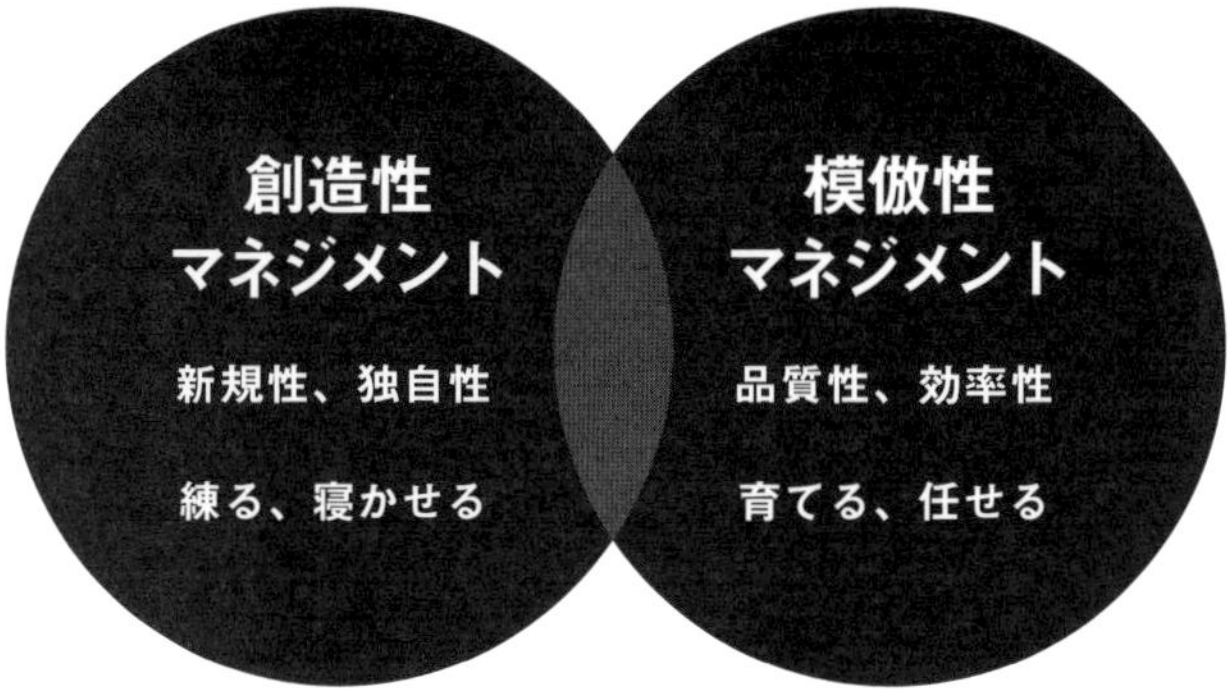

仕事には創造的なものと模倣的なものがある。創造性ばかりに目がいきがちだが、企業活動においてはどちらも必要。重要なのは、チームをマネジメントする際、メンバー一人一人の個性を見極めて仕事を振ること。それにより全体のパフォーマンスは上がる。

あたりまえのことを指摘しているようですが、分担作業をしているチームでは、機械的に割り当てるだけでも仕事が成り立つので、メンバーの適性は置き去りにされがちなのです。

大量生産大量消費の時代は、みんなが同じように動けることが企業の強みになりました。そのため日本企業の多くは、模倣性の強い社員を中心に採用・育成して、仕事を機械的に割り当ててきました。ところが、企業を取り巻く環境は大きく変化し、模倣性の強い社員を中心とした組織構成では成長していくことが難しくなりました。いまは創造性の強い社員の育成が急務です。

模倣性は経験を積ませることで伸ばせます。同じ作業を積み重ねて腕を磨いていく職人のイメージです。一方、創造性は自由な領域を与えることで伸びます。模倣性と創造性。そのバランスがチームにも求められています。

26 一人一人の能力を引き出す

個人の性格やタイプも、チームのマネジメントをするうえで見逃せません。

性格がおとなしく、波風が立たない平和な状態を望むタイプは、コミュニティを維持することに苦心して、チームに対しても協力的です。まわりに味方の存在がいて協働体制が整っていると、能力を最大限に発揮してくれます。

一方で安定志向が強く、変化を嫌うという特徴もあります。そのため前例のない仕事については消極的で、チームの足を引っ張ることもあります。

変化を恐れるタイプには、ネガティブな未来を見せる

変化を恐れるタイプに、輝かしい未来を提示しても、魅力を感じてくれません。このタイプに動いてもらうためには、むしろネガティブな未来を見せると効果的です。

「このままいくと売上が前年割れしてボーナスが下がる」

「プロジェクトが失敗すると、誰かのクビが飛ぶかもしれない」

このように現状より悪化するリスクを提示すると、防衛本能に火がついて能力を発揮してくれる

のです。

逆に自己主張が強くて成長意欲のあるタイプに、この手法は通用しません。彼らは変化を好み、過去よりも未来の方向を見ています。「去年より悪くなる」と危機感をあおっても、すでに手に入れたものには興味がないため、心が揺さぶられないのです。

このタイプに有効なのは、未来のポジティブな姿を見せることです。

「売上が増えるとボーナスが増える」

「このプロジェクトを成功させると、実績として認められて昇進できる」

こうした目指すべき理想のゴールを示すと、そこに向かって前進してくれます。

チームの運営がうまくいかないと、「最近の若者は草食系で、やる気がない」と愚痴をこぼす上司もいます。しかし、悪いのは社員の草食化ではなく、草食化した社員をマネジメントできないあなたのほうです。

たとえば、草食社員は危険を避け、安住の地を追い求めることを好みます。一方、肉食社員は茂みに分け入ってでも、大きな獲物を探します。ですから、草食社員には現状のままだと地獄が来ることを示すとやる気のスイッチが入ります。一方、肉食社員には頑張れば天国があることを示すとやる気のスイッチが入ります。

うまく使い分けてメンバーの士気を高めることです。

27

教えることで一段高い視点を獲得する

経験の浅いチームメンバーに仕事を教えるのは、なかなか骨の折れるものです。教育に費やす時間や労力を考えると、教えても伸びない人は放置して、自分の仕事に集中したいという人も多いでしょう。しかし、チーム力の底上げのために育成は必須です。長い目で見ればチームメンバーを育てて成長させたほうが自分も楽になります。

教える行為には自分を成長させる効果もあります。

人は自分が理解していないものを他人に教えることはできません。一を教えるためには、最低限、自分も一を知る必要があり、一〇を教えたければ一〇を知る必要があります。つまり人に教えようとする分だけ、自分も学んで理解を深める必要があるのです。

理解には三つの段階があります。一段階目は、「言語的理解」です。人にものを教えるためには、まず自分の頭の中にあるものを理解してコトバに置き換える作業が必要になります。この場合は、自分の具体的な経験をそのままコトバにして伝えるだけなので、経験のコピーに近い。いわば「一を知って、一を教える」状態です。

次の段階は「抽象的理解」です。具体的な経験を伝えるだけでは、状況が変わったときに、相手

「10を知り、1を教える」…理解には3つの段階がある

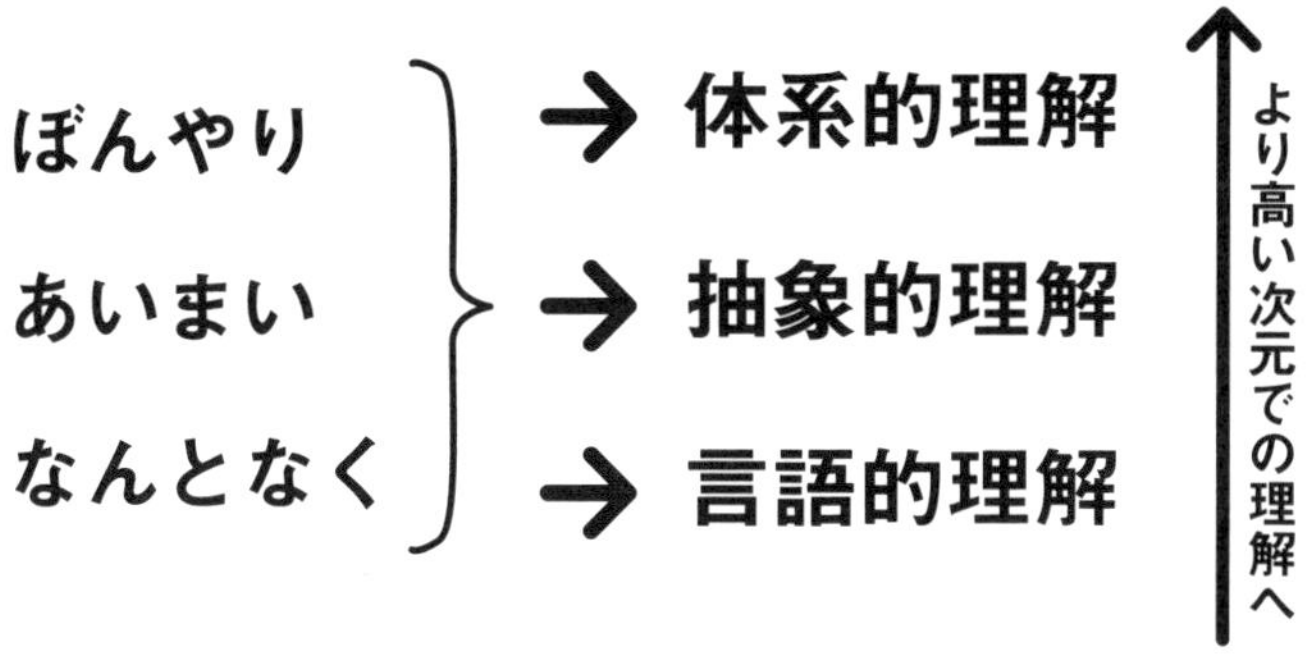

人に教えるには最低限、自分の中にあるものを言語化して伝えることが必要。だが、言語的理解では不十分。汎用性を持たせるには、抽象的理解が求められる。さらに高次の体系的理解の域に達すると、経験したことがないことについても理解が進む。

は教わった以外のケースに対応することができません。汎用性を持たせるには、具体的な経験を一般化して、より単純にわかりやすく伝えなくてはなりません。

ここで問題になるのが、抽象化の能力です。個別の事例を一般化して伝えるには、まずは自分が事象を抽象的に理解する必要があるからです。

抽象化した知識がつらなると体系的理解の域に達する

抽象化した知識がつらなって一つの方向にまとまると、もっとも高い「体系的理解」の域に達します。

体系的に事象を理解すると、自分は経験がないことについても理解が進みます。ここまで理解を深めてから教えるのは、「一〇を知って、一を教える」状態です。

人にものを教えるときに自分の理解が言語的理解にとどまっていると、いつまでたっても抽象的理解や体系的理解の能力を獲得することができません。

大切なのは「一を知って、一を教える」から、「一〇を知って、一を教える」のレベルにいくことです。

一を教えるなら、自分は一〇を知る。それにより、自分も一段上の高みに到達することができます。人に教えるのが一番の勉強という言葉がありますが、このように一段高い視点を獲得できることが、教えることの最大の効用ともいえるでしょう。

第4章

感性でリスクを察知する

28 未知の領域を意識する

私たちは、つねにリスクとともに暮らしています。

リスクというと災害や事件・事故を思い浮かべる人が多いかもしれませんが、そもそもリスクとは不確実性のことであり、私たちの仕事や生活で予定どおりにいかない可能性のあるコトすべてを指します。

たとえば仕事の成果物が期待した品質に達しないのは、仕事の中に潜んでいた品質リスクが現実のモノになったからです。予算がオーバーするのはコストのリスクが表面化したからであり、納期に間に合わなくなるのは時間のリスクが顕在化したからです。

つまり、私たちは日々、リスクを抱えながら仕事をしたり生活をしています。ハザードは対応するモノであるのに対して、リスクは日常的につきあってコントロールするコトと考えてもらえばわかりやすいでしょう。

あなたがリスクとうまくつきあっていくためには、未知の情報に対する感性を磨くことが何より大切です。

情報には「既知」、「無知」、「未知」の三つの領域があります。

情報の領域には、既知、無知、未知の3つがある

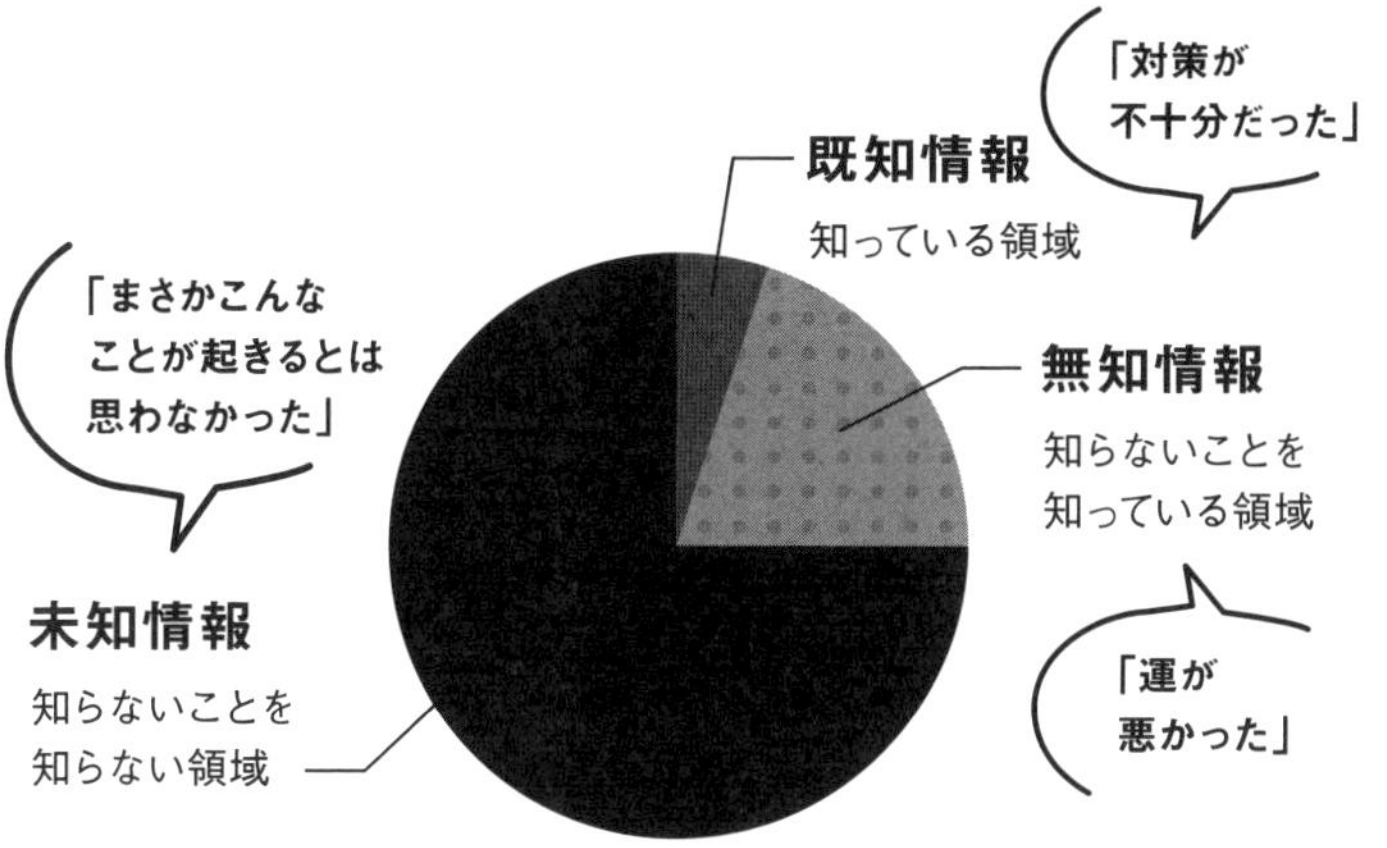

Craig Squires（米国VE国際協会会長）

本当に大切なのは、未知の情報の把握。リスクは未知の領域から、いきなり表面化する。リスクマネジメントの難しさは、リスクが未知の領域に潜んでいることに起因する。

未知のリスクを察知するには感性を磨くしかない

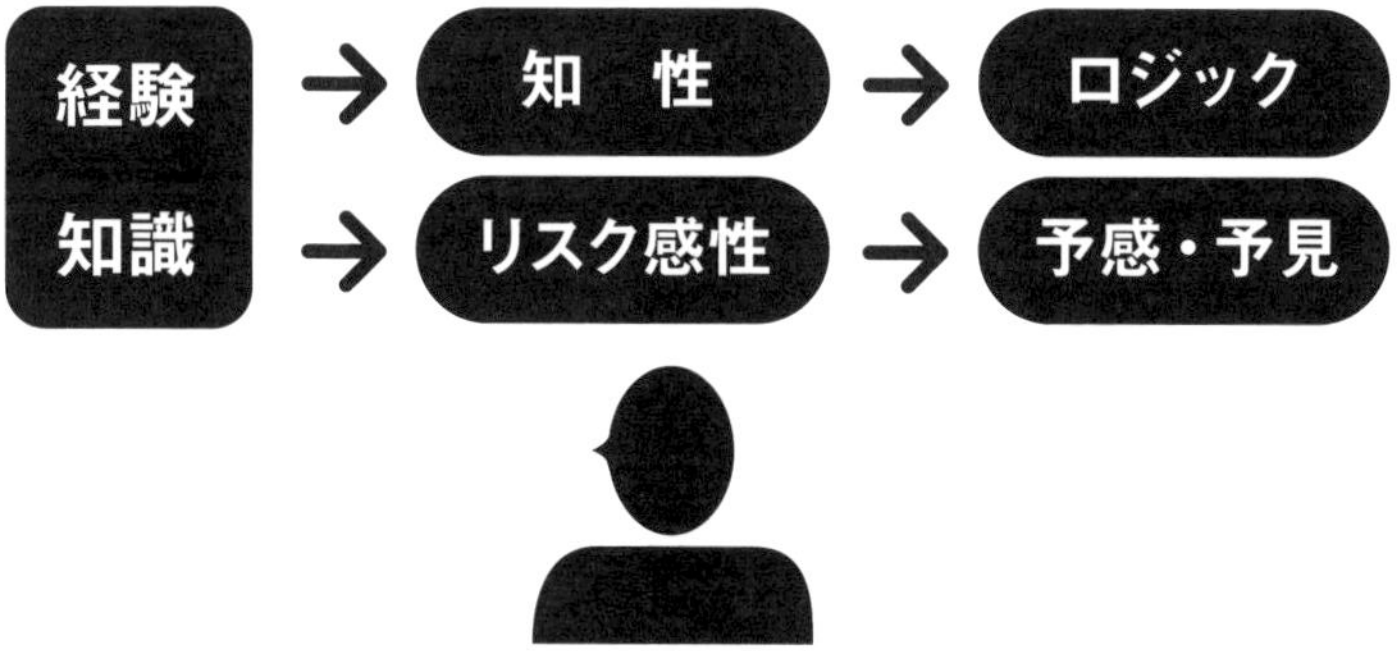

知性も感性もベースとなるものは同じ。経験や知識をもとにロジックを構築するのが知性。同じく経験や知識がもとになってはいるが、いきなり予感や予見に至るのが感性。

「既知」は、すでに知っている情報です。私たちは社会に存在するリスクを把握しているつもりでいますが、全体からみると既知の領域はごくわずかに過ぎません。

一方、それについて知らないことを知っている情報が「無知」です。予定どおりにいかない要因があることは把握しているが、どのようなインパクトを持ち、どのような確率で顕在化するのかがわからない状況にあるとき、その情報は無知となります。

リスクは未知の領域から、いきなり表面化する

一般的に、リスクマネジメントは無知の情報を既知として対応するコトだと考えられています。しかし、私たちにとって本当に大切なのは、知らないことすら知らない領域、つまり「未知」の情報の把握です。

未知の領域は広く、リスクはこの領域からいきなり表面化します。

既知や無知のリスクが顕在化したときは「対策が不十分だった」、「運が悪かった」で片づけられますが、未知のリスクが現実のものになったときは、「まさかこんなことが起きるとは思わなかった」となります。

予定どおりに物事が運ばなかったとき、私たちの口をついて出るのは、たいてい後者のセリフです。まさにリスクの多くは、未知の領域に潜んでいるのです。

リスクマネジメントの難しさも、その点に起因しています。既知や無知の領域は、知性によって把握することが可能です。しかし、多くのリスクが潜む未知の領域を、知性でとらえることはできません。知らないことすら知らないのだから、知性の対象外です。

未知の領域をとらえることができるのは、感性だけです。たとえば仕事をしていて、「今日の予定に誰かが遅刻する気がする」と予感が働くことがあります。これはリスクを知性で論理的に把握したのではなく、根拠もないままに感性で察知したのです。

未知のリスクは感性で察知するしかないのに、私たちは知性を磨くことでリスクをマネジメントしようとします。しかし、知性だけでは不十分です。リスクを上手にマネジメントするには、知性を磨く一方で、感性を研ぎ澄ませる必要があります。

未知の領域に潜むリスクを察知する感性を「リスク感性」と呼びます。

感性を生まれつきのセンスのようなものだと誤解している人もいますが、ベースになるものは知性も感性も変わりません。知性も感性も、その人が後天的に積み上げてきた経験や学んだ知識によってつくられていきます。経験や知識をもとにロジックを構築していくのが知性、ロジックを飛び越えて直接、予感、予見に至るのが感性です。

別の言い方をすると、リスク感性とは、その人の過去の経験や知識から、未来のリスクを感じ取る反応といえます。この反応を磨くことで、私たちはリスクの影響を最小限にとどめることができるのです。

29 長いタームで仕事をとらえる

リスクの意識が及ぶ範囲は、仕事のタームの長さに比例します。

小さな子どもが歩くときにリスクの意識を働かせるのは、右足を前に出す一歩先の範囲までです。二歩目の左足から先に何が待ち構えているのか、ほとんど意識していません。これは、小さな子どもが歩くときのタスクが一歩単位だからです。

私たちの仕事も似たところがあります。一時間単位で仕事をしている人は一時間先までしかリスクの意識が働かないし、一日単位で仕事をしている人は今日のリスク、一週間単位で仕事をしている人は今週のリスクしか察知できません。

空間軸でも同じです。仕事のタームが短い人は、リスク感性が身の回りにしか及びません。仕事のタームが長くなるにつれて、自チームや自組織、さらには周辺組織へとアンテナの届く範囲が広がっていきます。

現場に近いスタッフなら、一日から一週単位で、身の回りのリスクを察知できるレベルで十分でしょう。足元のリスクに対応できれば、ひとまず自分の身を守ることができるからです。

ただ、企業や組織のリーダーには、もっと広範囲に及ぶ感性が求められます。あなたがチームの

リスクの意識が届く範囲は仕事のタームと比例する

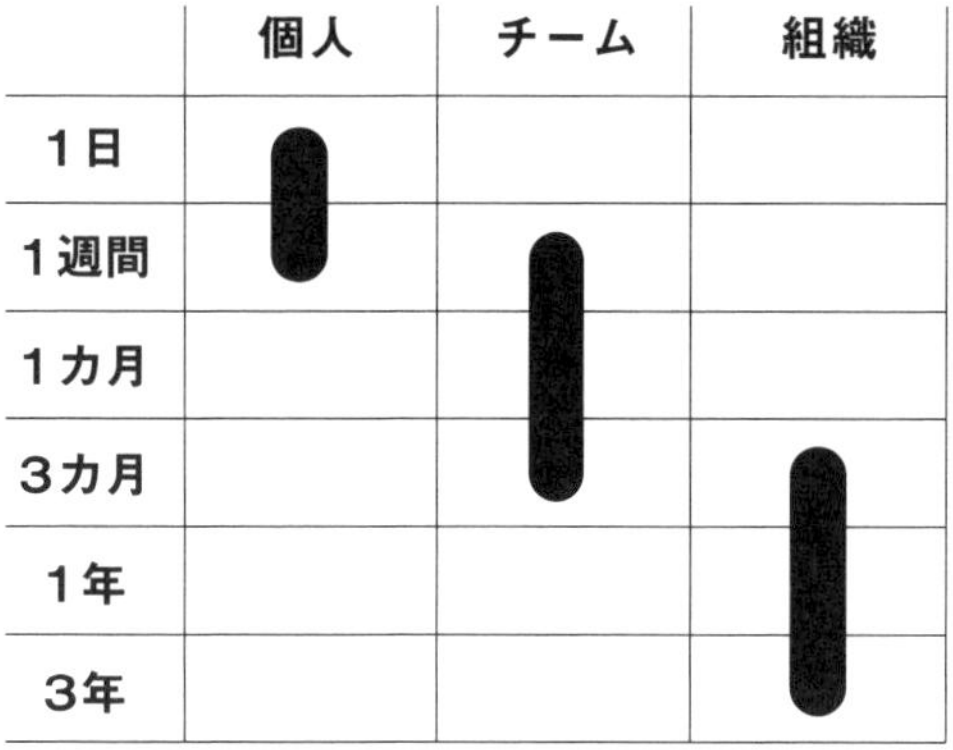

仕事のタームが
長くなるにつれ、
リスクのアンテナが
届く範囲も広がる。

時間軸が長くなっても同じだ。1時間のタームであれば、リスク意識の届くのも1時間、1日であれば今日、3カ月であれば四半期、10年であれば長期、30年であれば次世代。

リスク意識と仕事の
タームの関係は、
組織のトップと現場
のスタッフの関係に
もあてはまる。

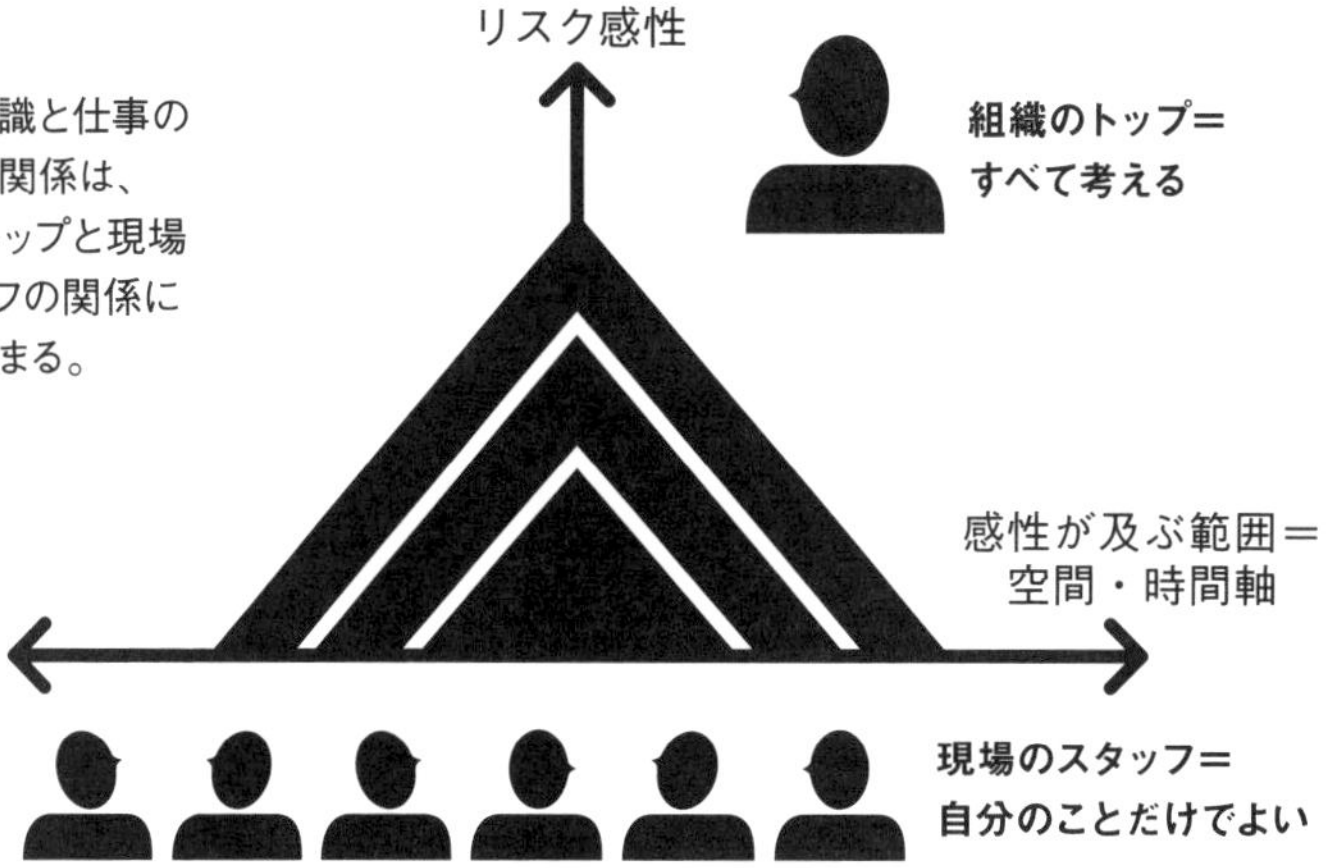

リーダーなら一カ月から四半期先に潜むリスク、さらに組織の上流にいる経営トップなら四半期から一年先、三年先のリスクについて感じ取らなければなりません。

さもないと、チームや組織を危機に陥れたり大きなチャンスを逃すことになります。

多くの人が見逃す変化に、違和感を抱けるかどうか

アンテナの範囲を広げるには、普段から長いタームで仕事をとらえると同時に、リスクに対する感度を高めることが重要です。

三年先に業界の趨勢を変えてしまう大きな変化も、最初は微弱な兆候しか示しません。水面下では大きなうねりが起きつつあるのに、表面上はさざ波ほどの変化しかない。時代の変化とは、そういうものです。

三年先のリスクを感じ取るためには、そうした小さな変化を察知できる感性を磨いておく必要があります。

多くの人が見逃してしまう小さな変化に、「なにかおかしい」と違和感を抱けるかどうか。そこに優秀なリーダーとそうでないリーダーの差があるのです。

30 〇・五秒トレーニングで感性を磨く

リスク感性を磨くためのとっておきの方法をお伝えしましょう。ランチを食べにお店に入ったら、注文するメニューを〇・五秒で決める。これだけです。瞬時の判断が、感性を磨くトレーニングになります。

メニューを見て料理一つ一つを吟味するのは、左脳的な処理です。どのランチセットにどのようなおかずがあって、おなかがどれくらい満たされるのか。そういった情報を検証して、いま食べるべき一品を論理的に選んでいきます。

しかし〇・五秒で選ぶことに決めれば、一つ一つの料理についてじっくり考えているヒマはありません。メニューを開いて、理屈抜きに直感で選ぶしかない。

このとき発揮されるのは、知性ではなく感性です。とにかく〇・五秒で結論を出すことで、情報を右脳的に処理する感性が鍛えられるのです。

〇・五秒で判断すべきなのは、ランチメニューに限りません。

お店でどのレジに並ぶか、電車でどの車両に乗るのか。仕事もそうです。上司の指示にイエスというのか、ノーというのか。企画があがってきたときにゴーサインを出すのか、却下するのか。すべて〇・五秒で見極めるようにします。

〇・五秒は、人が歩くときに一歩に費やす時間です。右足を出して〇・五秒。左足を出して〇・五秒。まさしく歩くスピードで、あなたの目の前の課題を処理していくのです。

〇・五秒で判断するのが難しいという人は物事を表面的な現象、すなわちカタチでとらえているのではないでしょうか。たとえば不動産探しで部屋を選ぶとき、「間取りが１ＤＫ」、「駅から歩いて五分」、「南向き」といった情報は、その部屋のカタチを示しているに過ぎません。カタチに関する情報は大量で、それらを左脳的に処理しようとすれば、どうしても結論を出すまでに時間がかかります。

感性で判断して終わりでなく、知性によって検証する

物事を瞬時に判断するコツは、まず自分の目的や役割を明確にすることです。「安らぎがある部屋を借りたい」という目的が明確なら、それを価値基準として感覚的に判断すればいい。

北向きで日当たりが悪くても安らぎを得られる部屋はあるし、逆に南向きでも窓から見える風景が悪くて安らげない部屋もあります。

一つ一つ条件をじっくり吟味していけば、左脳的な処理でそれらの部屋の総合的な評価を下せるかもしれません。しかし、目的を意識したうえで感性を働かせれば、こまごました情報の検討を飛

ばして、いきなり、「この部屋はなんとなく安らげる」という結論にたどり着けるのです。

ただし、感性で判断して終わりではありません。感性で「ここは安らげる」と判断しても、その部屋に本当に住めるかどうかは知性によって検証されなければいけません。自分の予算が月一〇万円なのに家賃が一五万円では、すぐに家計が破たんします。

もう一度いいます。感性で判断して、知性で検証することが大切です。

まず〇・五秒のあいだに感性でジャッジを下し、次に制約条件などを論理的に検証していく。この順序を間違えると、判断に余計な時間を要するだけでなく、感性のトレーニングにもなりません。パッと見て、サッと決める。これが肝心です。

31 データに頼った判断をやめる

ビジネスにおいて、データの果たす役割は年々大きくなりつつあります。ＰＯＳシステムでデータを集計して、売れ筋商品は仕入れを増やし、売れ行きが鈍いものは棚から外されていく。まるでデータがマネジャーと化して、業務判断をして人に指示を出しているかのようです。

私はこうしたデータの使われ方に危惧を覚えています。まずデータありきで、人が感性を発揮する場が失われていく。そんな気がするからです。

データというモノは本来、人の感性を刺激したり、感性の誤差をあとから修正するために存在しています。

ベテランの店員のなかには、お客さんが入ってきて席に座っただけで何を注文するのかがわかるという人がいます。これは感性のなせるわざですが、彼らは最初から感性の精度が高かったわけではありません。「こういう体格の人はAを頼んだ」、「ああいう目つきの人はBを注文した」という経験がデータとして蓄積されるにつれて、感性が刺激されて鋭くなってきたのです。

ところがいまやデータのほうが主役になって、人が感性を発揮する場を奪っています。これでは

質、量ともに十分なデータを待つのではもう遅い

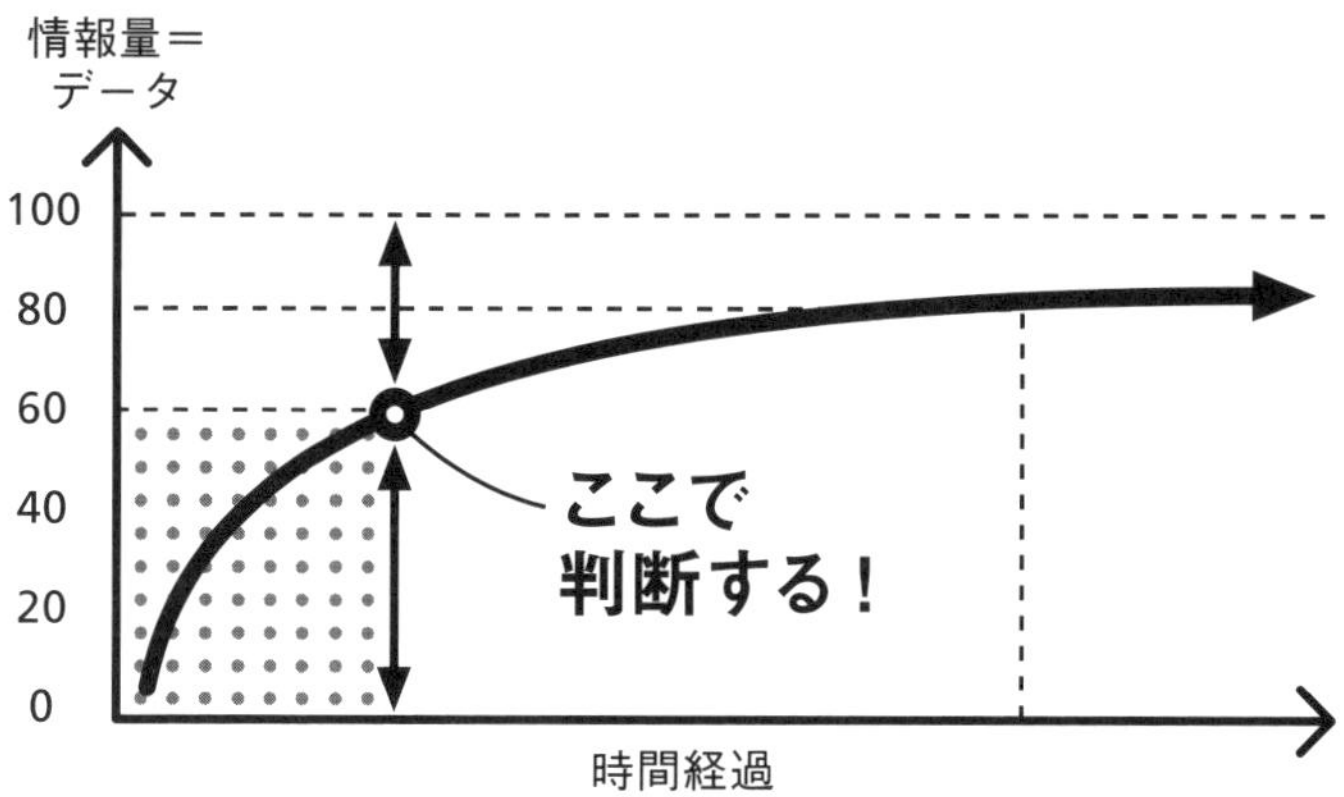

情報量がまだ6割のときに、人が判断をして、指示を出す。データは判断もしないし、指示も出さない。ただ判断者の感性を刺激し、指示者の直感を検証するためにある。

感性が育たないばかりか、衰えていくだけです。

データで判断したほうが正しい結論が出るのだから、感性が衰えても問題ないと考える人もいるでしょう。

しかし、データがいつも十分にそろっているとは限りません。ビジネスの現場では、むしろ情報量が足りない状況で判断を下すことのほうが多いはずです。また、データの中身が間違っている可能性もあります。二〇一一年の東日本大震災のような非常時には政府発表でさえ全面的に信頼できないことを、私たちは体験しました。

もしいま、あなたがデータに頼って物事を判断しているとすれば、ひとたびデータの質や量が十分でない状態のとき、必ず行き詰まります。そして行き詰まった原因をデータの不備に求めることでしょう。これでは責任逃れに他なりません。あくまで判断して指示を出すのは人の役目なのです。

そもそも質、量ともに十分なデータをもとに物事を決めるというコトは、単なるデータの「処理」に過ぎません。処理は誰がやっても大差がなく、人に任せることも可能です。

データは感性を刺激し、修正する手段に過ぎない

あなたに求められるのは処理ではなく、「判断」です。データが十分でなくても、責任を持って何かを選択する。それがあなたに課せられた仕事であり、とくにチームのリーダーともなればなおさらその任は重いのです。

にもかかわらず、「判断材料が足りない」、「データが不正確だ」といって下に文句を言い、決断を先延ばしにするリーダーが少なくありません。こうした態度は無責任であるだけでなく、自分の判断能力の低さを公言しているようなものです。

データが十分でないときにこそ頼れるのは、自分の感性です。

感性を磨くためには、データがあろうとなかろうと、まず感性ありきで物事を判断することが大切です。あくまでもデータは、感性を刺激し、修正する手段に過ぎない。経営の上流に行くほど、データではなく自分の感性で判断する意識が求められます。

32 予定と実績を可視化して比較する

時間リスクが顕在化すると、仕事に遅れが生じます。ただ多くの人は、どの程度の遅れが出て、効率をどの程度高めれば元に戻せるのかよくわかっていません。

だから、とりあえず残業時間を増やして対処するという人も多いのではないでしょうか。

仕事の遅れに対して適切に対処するためには、まず進捗状況を可視化して把握する必要があります。そのために活用したいのが「進捗管理シート」です。

このシートで管理するのは、インプットとアウトプットです。インプットは時間やコスト、アウトプットは成果です。この二つを可視化することで進捗状況を明らかにします。

プレゼン資料をつくる仕事を例に説明しましょう。

アウトプットは数値で測れるように設定する必要があるので、ここでは二〇〇ページをアウトプットのゴールにします。次に、資料作成の作業にどれくらいのインプット（時間）が必要なのかを見積もって計画を立てます。この例では、完成までに一〇時間かかる見積もりで、月曜日から金曜日まで、一日二時間ずつ作業することにします。

計画が決まったら、横軸をインプット、縦軸をアウトプットにしたグラフに落とし込みます。グ

進捗管理シートを使ってインプットとアウトプットを可視化する

番号	××	名前	××	承認	××	年月日	××
進捗管理シート							
タイトル	××××		目的			目標	
内容	××××××××						
		Input	資源消費	Output	目標達成	Value	活動価値
	単位	時間	時間	ページ	ページ	ページ/h	ページ/h
当初予定	Mon						
	Tue						
	Wed						
	Thu						
	Fri						
	Sat						
見直予定	Mon						
	Tue						
	Wed						
	Thu						
	Fri						
	Sat						
実績	Mon						
	Tue						
	Wed						
	Thu						
	Fri						
	Sat						
グラフ	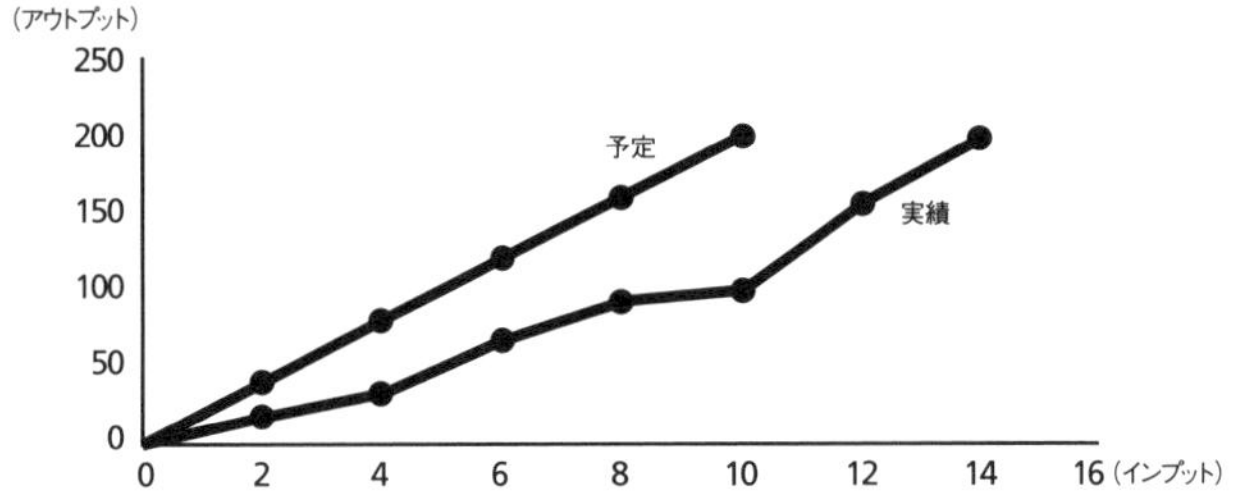						
改善							
評価者	××	アドバイス				確認	

毎日記入、
毎日見直す

インプットとは時間やコスト、アウトプットとは成果。可視化は既知化と言い換えてもいい。工程を管理されない職種の場合、自分で意識しないかぎり数値化の習慣は身につかない。

ラフの傾きが仕事のペース、つまり効率性や生産性です。作業を始めたら、実際に費やした時間とアウトプットの数字を記入してグラフにします。こうして予定と実績のグラフを可視化して比較すれば、「どれだけのアウトプットが足りていないのか」、あるいは「いまのペースでは納期にどれくらい遅れるのか」といった問題を定量的に把握することができます。

たとえば二日作業して、実績のグラフが予定の半分程度の傾きしかなかったとしましょう。このままいけば完成までに倍の時間を要することになります。期日に間に合わせたいなら、一日の作業時間や人員を増やすなどの対策を打たなくてはいけません。あるいは期日の延長を覚悟して、後ろのスケジュールを調整したほうがいいのかもしれません。どちらにしても現在の進捗状況を可視化することで、対策が具体的に浮かび上がってきます。

これまでインプットとアウトプットの管理を感覚的に行ってきた人は多いかもしれません。しかし、リスク感性が鈍くて遅れに気がつかなかったり、遅れの程度を甘く見ていたりした結果、対処が遅れてしまったというケースは往々にしてあります。

とくに工程を管理されないホワイトカラーの場合、自分で意識しないかぎりインプットとアウトプットを数値化する習慣が身につくことはまずありません。期日のぎりぎりになってから焦り出し、徹夜作業で間に合わせるという状況では品質面に不安が残ります。遅れを早期に発見して適切な対応を取るために、インプットとアウトプットの可視化は欠かせないのです。

33 プロセス管理の必然性を考える

進捗管理シートは、プロセスコントロール法という手法をベースにしています。

プロセスコントロール法は、公共事業などの長期的なプロジェクトを計画するときに活用する私のオリジナル手法です。インプットとアウトプットを可視化してプロセスを管理する点は、進捗管理シートと同じです。

プロセスコントロール法は、たんにゴールの期日に間に合わせるためだけに使用されるのではありません。

じつはプロセスの設計しだいで、プロジェクトのトータルの利益は変わります。プロセスコントロール法はそこを適切に管理し、ロスを極力減らすための手法なのです。

たとえば一〇年という時間をインプットして、一〇キロというアウトプットを得る新設バイパス道路の計画があったとします。有料道路の場合、造ったそばから車を走らせるわけにはいきません。全線一〇キロを造り終えてからようやく開通する場合もあれば、途中の五キロの時点で一部開通する場合もあります。

前者も後者もゴールは同じで、費やすインプットはどちらも変わりませんが、途中のプロセスは

どうプロセスを設計するかでトータルの利益も変わる

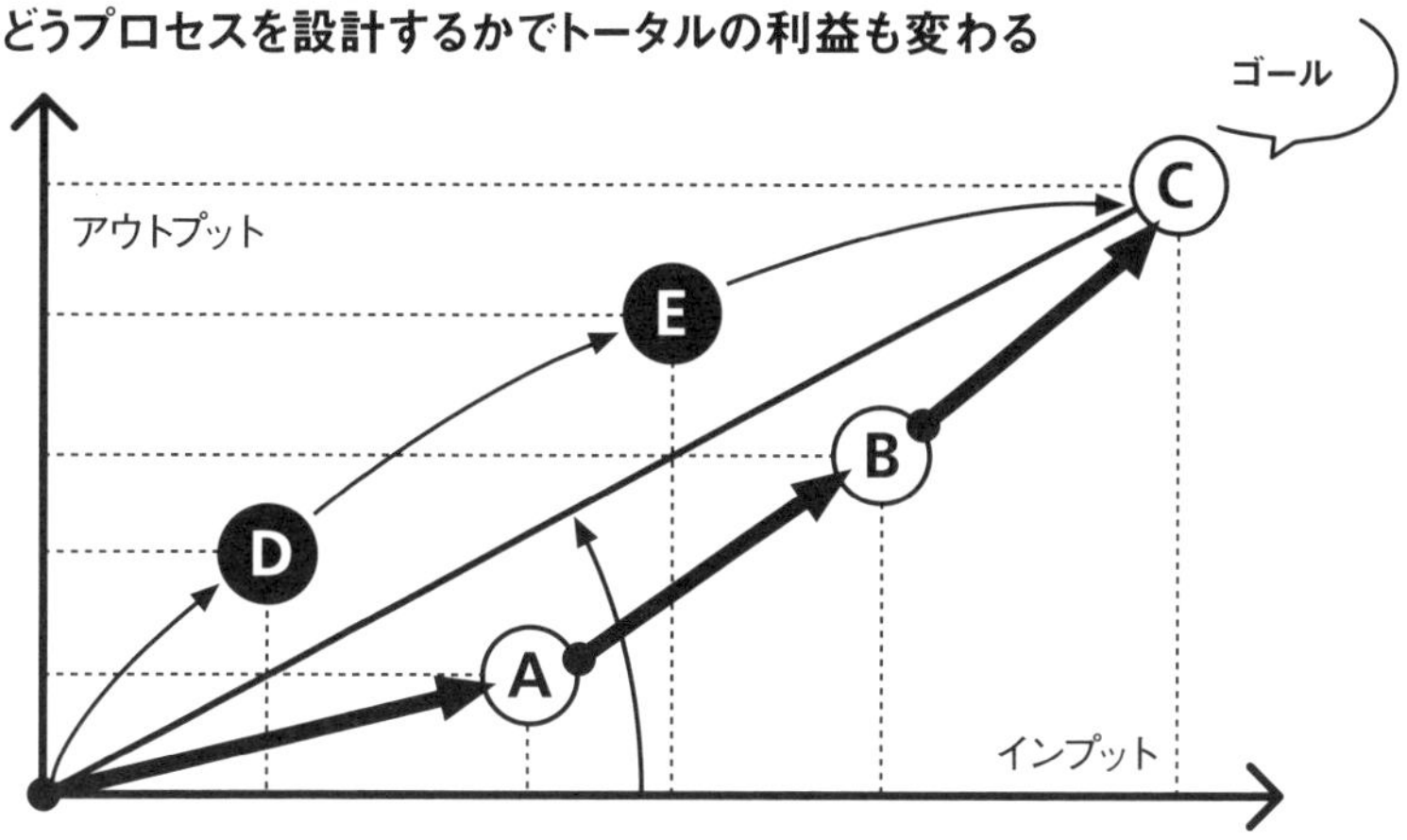

ゴール＝期日とインプット＝コストが同じでも、そこに至るプロセスはさまざま。A、B、Cと至るプロセスとD、E、Cと至るプロセスはゴールは同じでもアウトプットが違う。アウトプット＝成果だけでなく、プロセスを管理し、グラフのカーブを修正していくことが必要だ。

違います。

前者のプロセスは後半爆発型で、途中までアウトプットが少なく、最後に一気に予定のアウトプットに達します。一方、後者は途中で道路を一部開通するので、途中で一定のアウトプットを得られる。グラフにしたときのカーブも、前者ほど急勾配ではありません。

後半爆発型のプロセスでは機会損失を生んでしまう

道路から得られる利益を比べると、どうなるか。前者は「道路は存在するが通れない」という機会損失が大きく、後者に比べてトータルで得られる利益が小さくなります。

最終的なゴールは同じでも、どのようなプロセスで工事を進めるのかによって得られる利益は変わってくるのです。

仕事のプロセスも同じです。

期限ぎりぎりになって効率を上げて帳尻を合わせる後半爆発型のプロセスは、途中のアウトプットがほとんどありません。そのためアウトプットが半分あれば関係者が次の工程に取りかかれる場合でも、相手は作業を始められずに機会損失を生んでしまいます。

最終的に帳尻が合えばいいという考え方は短絡的です。途中のプロセスしだいで全体の利益が大きく変わることを意識して、進捗を管理する必要があります。

34 手段と目的の優先順位を見極める

二〇一一年の東日本大震災は、企業活動にも大きな影響を与えました。直接的に被害を及ぼしただけでなく、生産や物流が止まって商品を仕入れることができなくなったり、自粛ムードで客足が遠のくなど、震災はさまざまな形で企業活動を危機に陥れました。

通常、企業はその存在理由であるミッションや目的を判断基準にして活動を行っています。私は「三〇年後の子どもたちのため、輝く未来を遺すため」をミッションとしていますが、それぞれの企業にも譲れないミッションがあるでしょう。ミッションの前にあっては、企業活動はその使命を達成するための手段に過ぎない、といってもいいと思います。

危機が発生した直後は、手段の継続を優先する

ただ、震災のような危機に直面すると、企業は活動を継続できなくなって存在そのものが危ぶまれます。企業活動は目的を実現する手段ですが、手段がなくなると目的の実現ができなくなります。「ニワトリが先か、卵が先か」という命題によく似ていますが、危機のときにどちらを優先すべきか、悩ましいところです。

危機発生直後は、まずは手段の継続を優先する

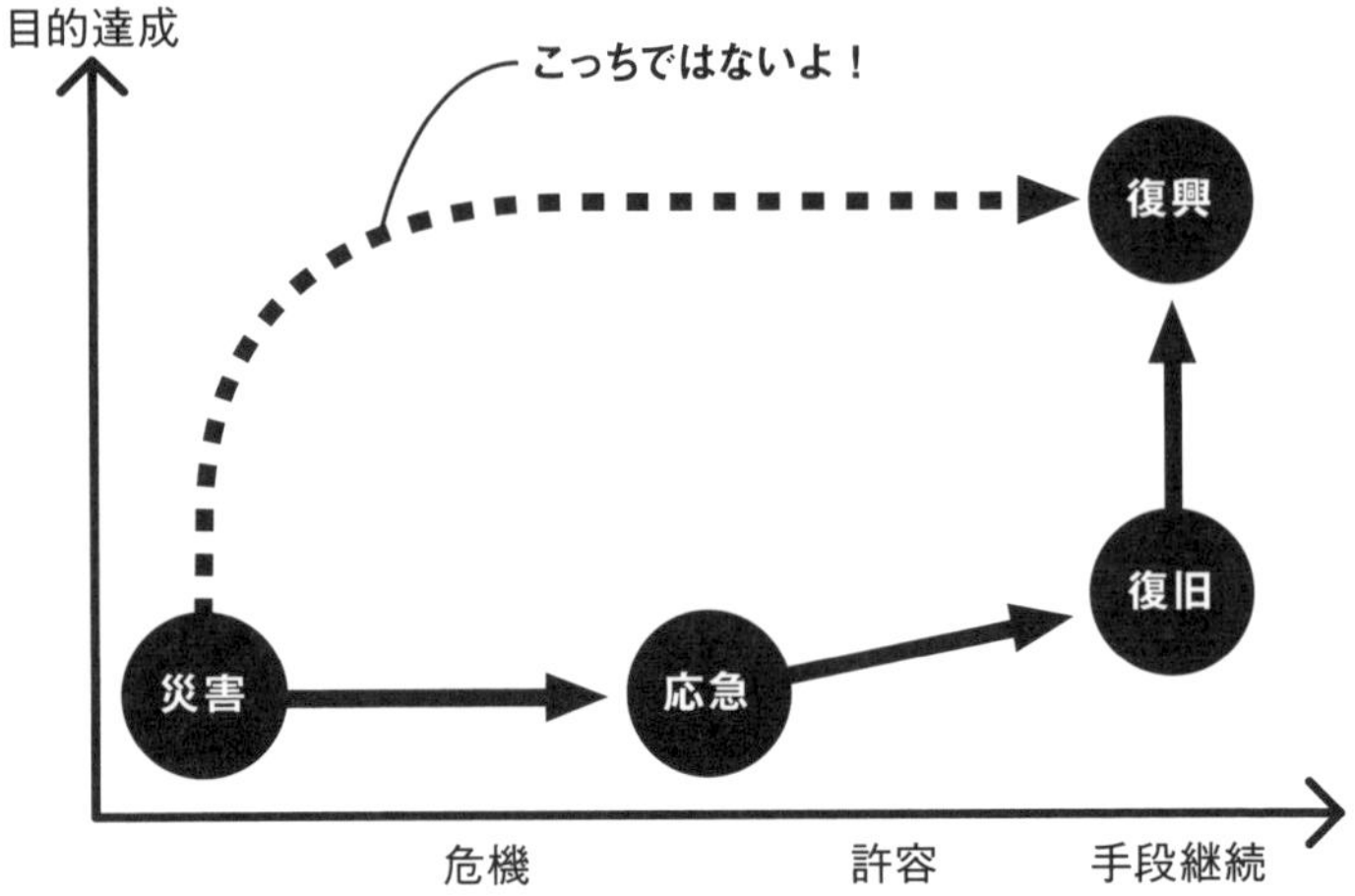

手段喪失の危機脱出後は、徐々に目的達成のウエイトを増やす

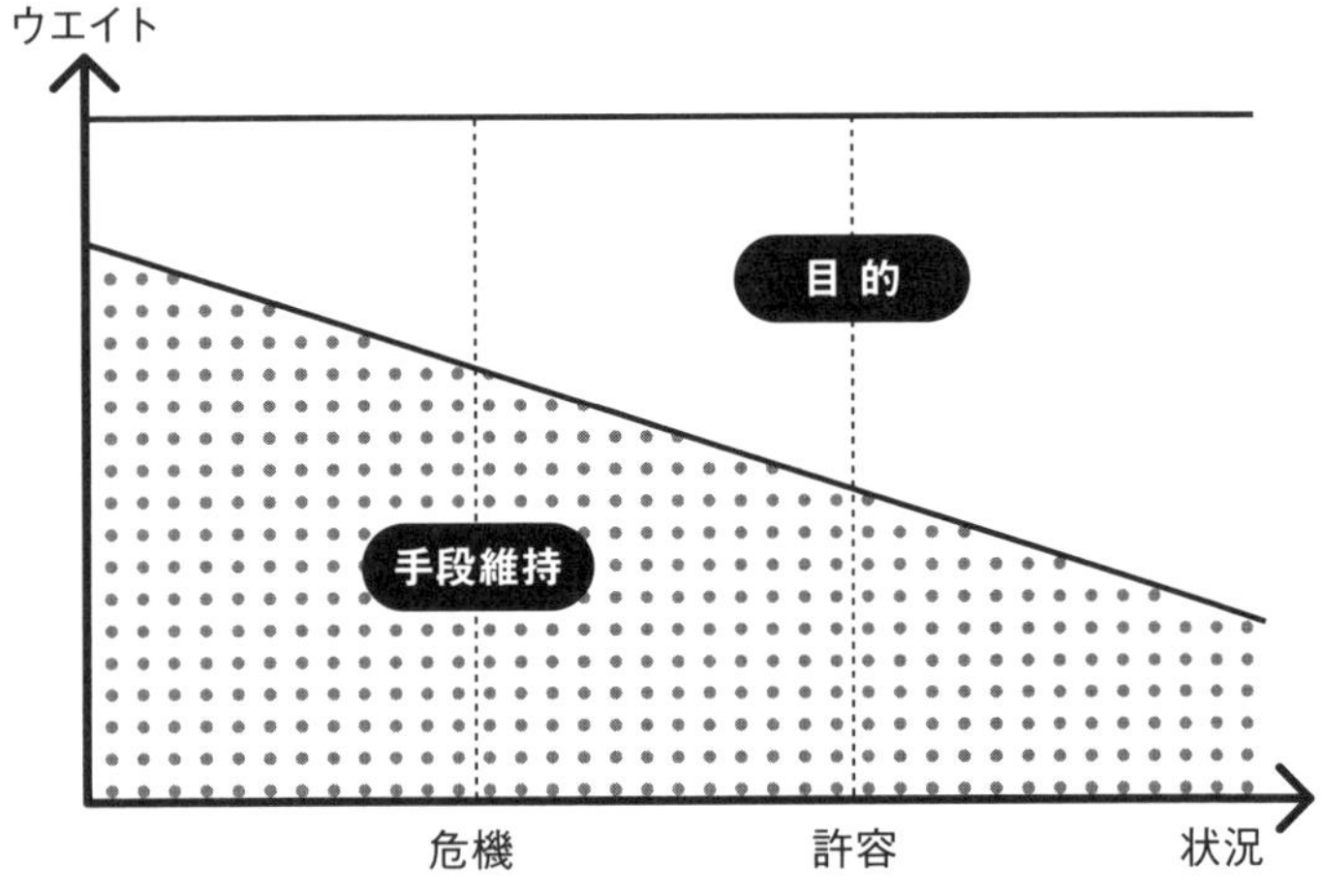

企業活動における目的達成と手段継続、どちらに優先のウエイトを置くかは状況により変わる。震災などの災害のほか、国内外の経済状況の急激な悪化など、私たちはつねに危機と隣り合わせの状況にいる。ウエイトを見直す判断のタイミングも重要だ。

この問いに対する答えは状況によって異なります。
危機が発生した直後は、手段の継続を優先します。地震が起きたときに人生の目的を悠長に考える人はいません。まず安全な場所に避難して、自分の身体を守ることを最優先にします。企業活動もこれと同じです。危機に直面したときは本来の目的を一時棚上げして、会社や社員を守ることを第一の目的にします。

危機的状況から脱するにつれて、優先すべきもののウエイトは変わります。最初は手段の維持が最優先ですが、手段喪失の危機を脱したら、目的達成のウエイトを徐々に増やしていきます。このタイミングが遅れると、本来の存在理由を見失ってビジネスの再開ができなくなることもあるので要注意です。
手段が許容できるレベルにまで回復したら、目的達成にリソースを集中的に投下していきます。この段階になったら、手段の継続は二の次でいいのです。いつまでも手段にこだわっていると、まわりから取り残されていくだけです。

この流れは、災害以外の危機でも変わりません。急激な円高が原因で赤字に転落したり、取引先の倒産で資金繰りが悪化するなど、会社経営はいつも危機と隣り合わせです。そのときにトップが手段継続と目的達成の優先順位を間違えると、組織そのものが消えてなくなる恐れがあります。どのタイミングで、どちらにウエイトを置くのか。トップの判断にかかっています。

35 リソースは有限であることを意識する

危機から立ち直ろうとするときに意識してほしいのが、目的と手段の見直しです。手段と目的は、必ずしも従来と同じである必要はありません。危機によって環境が変われば、それにふさわしい目的と手段が見つかる可能性があるからです。

危機から立ち直る最初の段階は、「応急」です。この段階では、当面の手段の維持が最重要課題。どういった手段が最適かを考えている余裕がないので、ひとまず従来と同じ手段の維持に努めます。

手段の継続に目途が立てば、「復旧」の段階に入ります。

目的と手段の見直しは、この段階で行います。危機によって企業を取り巻く環境が変化していれば、ビジネスの方向性を修正せざるを得ないかもしれません。また危機を経験したことで価値観が変わり、従来の目的では満足できなくなっている可能性もあります。いずれにしても旧目的や旧手段に縛られる必要はなく、ゼロベースで目的や手段を見直すことが重要です。

過去の目的を見直さず、新しい手段でそれを実現するのは「復興」です。一方、過去にとらわれずに新しい目的を設定して、そこにリソースを投入するのは「再生」です。

いま本当に大切なのは、「再生」です。何かを喪失したとき、復旧や復興を行って元の姿に戻り

復興と再生…手段と目的を見直す勇気を持つ

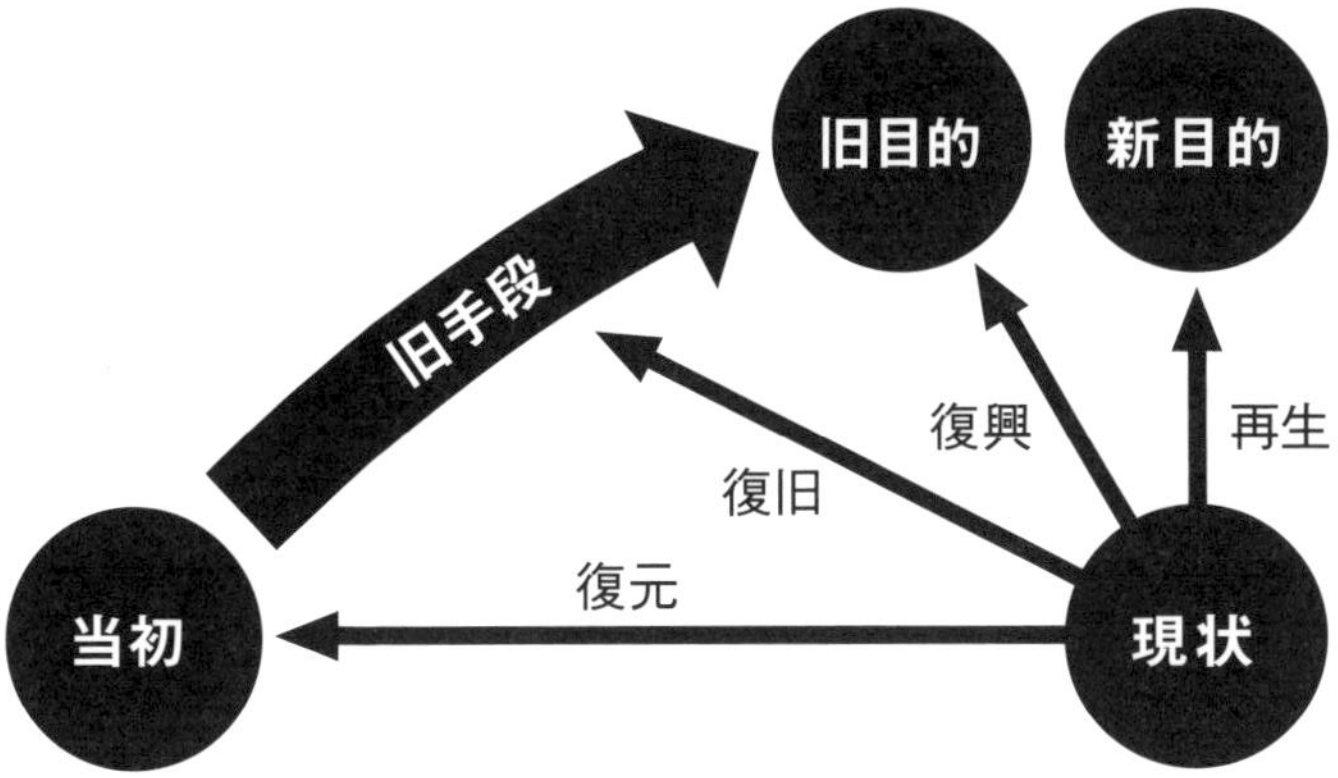

危機のあと、まず必要なのが応急。復旧の段階に入ったら、旧目的や旧手段に縛られるのでなく、ゼロベースで目的や手段を見直すことが必要だ。災害だけでなく、企業にとっての経営危機の場合でも同じ。いま本当に必要なのは復興か、それとも再生か。

たいという心情はよく理解できます。しかし、いったん復旧、復興したあとにあらためて再生へと向かうのは難しい。

リソースは有限であり、復旧、復興のために費やした結果、再生へ向かうリソースが尽きてしまう可能性もあるからです。

リソースに限りがあることを考慮すると、従来の目的や手段に引っ張られるのはもったいない。いま必要なのは、いきなり再生を目指してリソースを投入することです。

震災を念頭に置いて解説しましたが、新しい目的設定は、個人やチームレベルの仕事上の危機においても重要です。大きなトラブルがあってプロジェクトが中断したあと、元に戻すことを考えるのではなく、いま目指すべきところはどこなのかという目的の設定から考える。それが最短で成果を出すコツです。

36

確信につながる勇気を持つ

危機が発生したときトップに求められるものが二つあります。

いまの手段の継続を優先すべき状況なのかどうかを見極める力と、見極めた道を躊躇なく進む勇気です。

自分が決めた道を信頼し、覚悟を決め、自らの責任で進んでいく勇気は平常時にも必要です。ただ、平常時はじっくり時間をかけて検討し、自ら納得したうえで進むか否かを決めることができます。それに対し、危機発生時は時間的余裕がないところで決断を迫られます。危機のときには、いつも以上の勇気が求められるのです。

だからといって適当な決断ではいけません。場合によっては会社の命運を左右しかねないことを、いい加減な気持ちで決めてもらっては困ります。トップの決断は、確信によって支えられている必要があります。漠然とした自信が確信になるからこそ、勇気を持って前に進めるのです。

確信の対極にある感情は、不安です。不安の根源は、未知であることです。つまり未知を無知にして、さらに無知を既知にしていくことが、確信をともなった決断をする近道になります。

不安にならないためには日々の心掛けと、いざというときの心構えが大切です。

決断を迫られる局面で頼りになるのは、じつは感性

日々の心掛けとは、普段からリスクに対して準備を尽くしておくというコトです。「もしかしたら、これは危機になるかもしれない」、「こういう危機が起きたときには、こういう対処法がある」と事前に想定して訓練しておくコトです。知るための努力をしておけば、心の支えになります。まさに備えあれば憂いなしです。

いざというときの心構えとして、覚悟を決めることも大切です。事前にどんなに準備を尽くしても、それを上回る危機に遭遇することがあります。想定外の災害や突発的な事故から、私たちは逃れられません。

重要なのは、そのときに「ありえないことが起きた」と思考停止するのではなく、危機を正面から受け止めるコトです。現実逃避は何も生み出しません。慌てふためいて決断が遅れれば、危機は深刻化します。勇気を持って、腹をくくるのです。

動揺したり、動転することは禁物です。泰然自若でありたいものです。さもなければ、とてつもない不安に襲われたりします。決断も鈍ります。

しかし決断を迫られる局面でもっとも頼りになるのは、じつは感性です。

未知の領域を既知のものにするために知識を増やしたり、事前に危機管理の訓練を行ったとしても、想定外のリスクをなくすことはできません。まったく予想外のことが起きたときに信じられるのは、自分の感性です。

たとえ根拠が薄くても、「これで間違いない」と自信を持っていえるように、普段から感性を磨いておく。それが危機的状況においても怯まない勇気につながります。

第5章

組織のムダを改革する

37

予算管理のジレンマを検証する

組織には数々のムダが潜んでいます。最初はうまく機能していた組織も、メンテナンスを怠るうちにいろいろなところにサビがついて動きが鈍くなっていきます。組織がサビつくと、意思決定や実行のスピードが落ち、時代の変化についていくのが難しくなります。いかにサビを取り除いて組織を身軽にしていくか。それが組織のリーダーに課せられた役目の一つです。

組織の動きを鈍くするものはいくつかありますが、その最たるものは「予算管理」でしょう。予算がなければ企業は活動できません。その意味で予算管理そのものは必要であり、ムダなものとはいえません。しかし、実際には現状の予算管理のやり方が大きなムダを生んでいるのです。

予算が決定されるまでに、上位組織と下位組織のあいだでは何度もやりとりが行われます。経営層から今期の「方針」が伝えられると、現場に近い下位組織は売上や経費についての「予測」をあげます。それに対して上位組織は、「もっと売上は増やせる」、「コストを削れ」といった「指導」を行います。なかには無理な要求もあり、下位組織のマネジャーも精いっぱいの抵抗を試みます。

そうした攻防が終わって下位組織は「目標」を設定し、上位組織が承認して予算計画が「確定」します。組織によって予算計画の期間は異なりますが、一般的には方針決定から確定のフェーズまで約三カ月。予算計画自体が大仕事です。

計画が確定したあとも予算管理は続きます。

実績について下位組織から「報告」があり、上位組織がそれを「評価」。それを受けて、下位組織が目標の変更も含めた「提案」を行う場合もあります。予算管理は計画して終わりではなく、その期が終わるまで何らかの形でずっと作業負担を発生させます。

このように上位組織・下位組織とも何度もやりとりを繰り返して、時間や労力を費やしていく状態が本当に正しいのでしょうか。私には疑問です。

予算が効果的に使われていないことも問題です。日本経済が成長していた時代は、各部署に配分できる予算に余裕がありました。予算には各部署の裁量で使えるバッファが織り込まれていて、どこかで足が出てもバッファが吸収してくれました。

効率性を考えると、バッファはムダ以外の何ものでもありません。ただ、かつては企業の成長がムダを覆い隠してくれた。ムダづかいをしても、それ以上に稼ぐことができたので許されてきたわけです。

市場の成長が望めないいま、かつてのように予算にバッファをもうける余裕はなくなりました。企業が生き残るためには、有望な部署にリソースを戦略的に集中させる必要があります。もはやその他の部署に余計な予算をつけるゆとりはないのです。

予算管理の8つのフェーズを PDCAサイクルにあてはめてみる

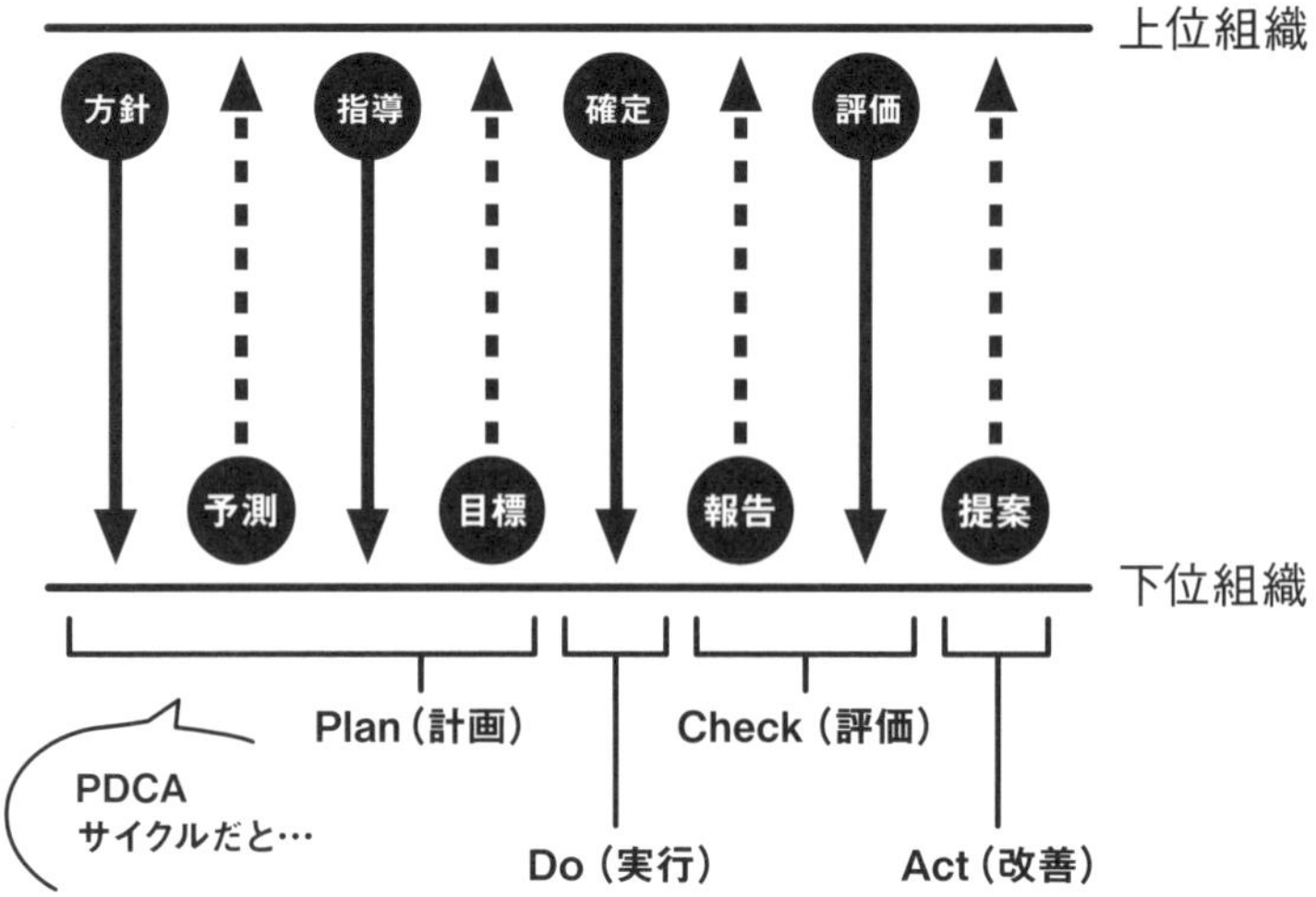

ところが現実には、いまも各部署の予算にバッファが隠されていて、ムダな仕事を生む温床になっています。

予算があるだけ仕事をつくるパーキンソンの法則

官僚組織では仕事の量に関係なく、毎年一定の割合で職員数を増やしていこうとします。なぜなら必要性に関係なく、予算があればあるだけ仕事をつくっていこうとするからです。

これを「パーキンソンの法則」といいますが、じつはこの法則は一般企業にもあてはまります。各部署のマネジャーに、「予算が余れば繰り越そう」という発想はありません。予算があれば、とにかくそれを使い切るために、必要ではない仕事を温存したり新たにつくっていくのです。

こうした事態を引き起こす原因の一つが、前期予算実績にもとづいて策定される増分主義の予算計画です。増分主義では、前期の予算と実績をベースにして、「前期比で○％増」というように予算を決定していきます。

こうなると、多くの人が次期の予算を多く獲得したいなら、当期の予算をとにかく使い切って、まだ足りないことをアピールしたほうがいいと考えます。こうした予算決定の仕組みを考慮すれば、各部署のマネジャーがムダな仕事に予算を使うのも無理からぬことです。

予算の決め方に問題があったとしても、予算が適切に使われているかどうかをチェックする仕組みが機能していれば、まだマシなのかもしれません。しかし、予算のＰＤＣＡサイクルは通常、一年単位。予算を使った効果が見えてくるのが先のことなので、ムダづかいの発覚までのあいだにも、先延ばしになったムダが積み重なっていきます。

このように現在の予算管理のあり方は、ムダが次々と生まれていく仕組みになっています。予算は必要であり無視できませんが、管理を頑張れば頑張るほどムダが生じてしまう。一般的に予算管理は、こうしたジレンマを抱えているのです。

38 ゼロベースで予算を組む

じつは一般的な予算管理がムダを生み出す構造になっているのは、予算管理の本来の目的から外れて、管理のための管理になっているからです。

予算管理を分析すると、その目的は《戦略を実現する》、《管理を容易にする》、《利益を確実に得る》、《やる気を引き出す》の四つに集約されます。これらの目的につながらない予算管理は、どこかに問題がある証拠。現在の予算管理が本当にそれぞれの目的を達成できているかというと、かなりあやしいところです。

各部署が予算確保のために行うムダづかいは、《戦略を実現する》と相反する行為です。また、予算計画策定のために何カ月も要する現状は、《管理を容易にする》という目的ともズレています。私たちは、まさに本筋から外れたところで予算管理に時間と労力を費やしているのです。

だとすると、間違っているのは予算管理ではなく、予算管理のやり方だということになります。そもそも予算管理の四つの目的を満たせるなら、現在のやり方に固執する必要はありません。戦略を実現し、管理を容易にして、利益を確実に得て、やる気を引き出すことができるなら、別の予算管理手法を取り入れてもいいわけです。

4つの目的を満たす予算管理手法を上手に活用する

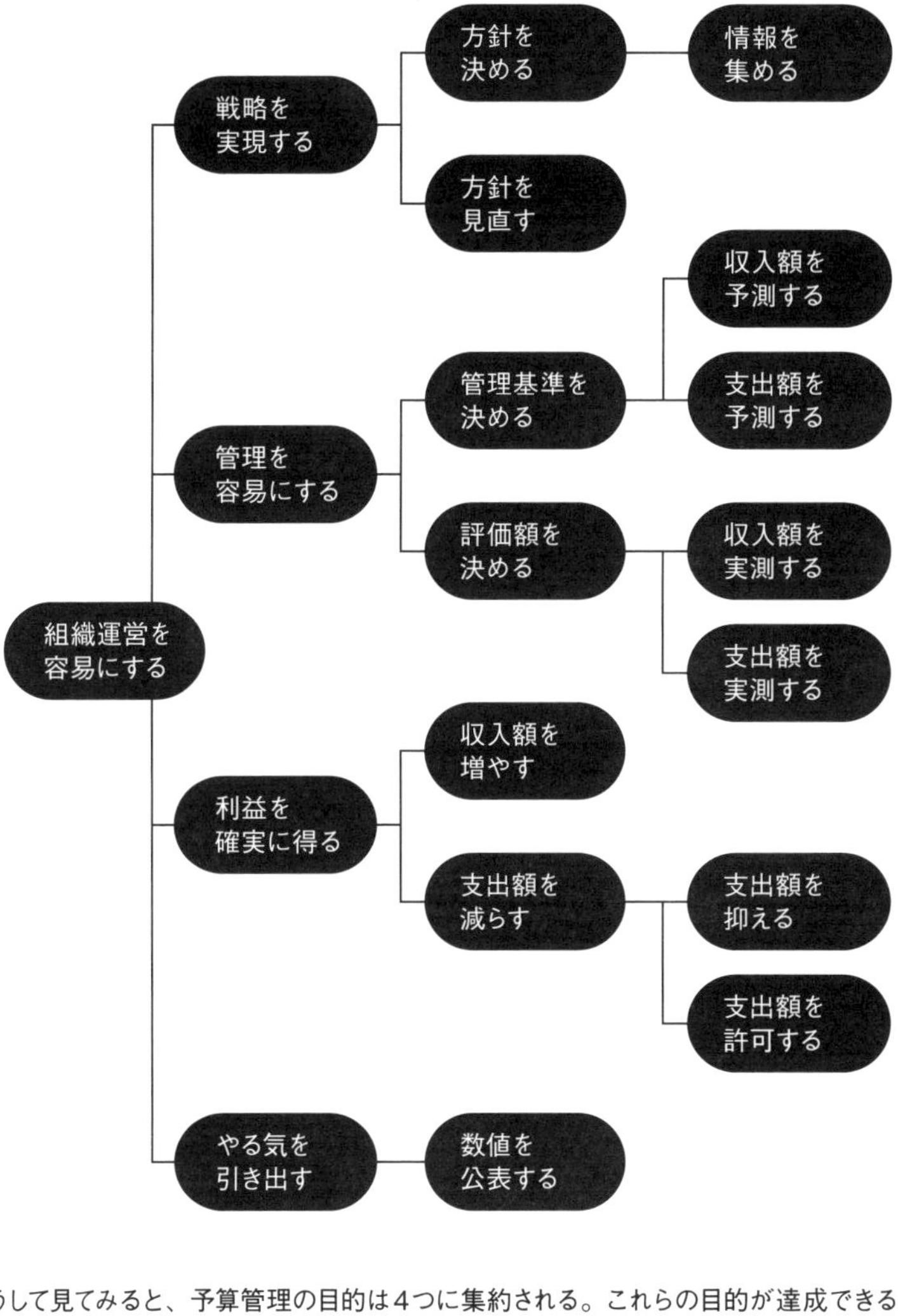

こうして見てみると、予算管理の目的は4つに集約される。これらの目的が達成できるのであれば、現状のやり方にこだわらず別の予算管理手法を取り入れてもいいわけだ。

他の予算管理手法を上手に活用すれば、従来の予算管理によって生じるムダを撲滅することも可能です。具体的な手法をいくつか示しましょう。

バッファを各部署に置くのでなく、上位組織に集める

予算があればあるだけ使ってしまう「パーキンソンの法則」対策としては、ZBB（ゼロベース・バジェッティング／Zero-Base Budgeting）が効果的です。

従来の増分主義では、「前期はいくら使ったから」という前期の予算実績が根拠になって今期の予算が決まります。しかし、市場環境が変化してある業務が不要になったとしても、この方式では不要な業務に予算がつくことになります。

そこでZBBでは過去の予算をいったん白紙にして、ゼロから「この業務は必要か」と考えて予算をつけていきます。このやり方を活用すれば、誰も必要としていないのに慣例としてなんとなく続いている仕事を排除していくことが可能です。

各部署の予算にバッファを置くことがムダな仕事の温存につながるなら、バッファを上位組織に集めてもいいでしょう。たとえば五つの部署に二〇〇万円のバッファを置くなら、それらをまとめて、本部が一〇〇〇万円のバッファを持つ。そうすると各部署の予算がスリムになるだけでなく、万が一のときの備えとしてのバッファも維持できます。

全部署が予算オーバーすることは考えにくいですから、本部のバッファは一〇〇〇万円もいらないかもしれません。そうなれば予算全体をスリムにすることもできます。

ＰＤＣＡサイクルが長く、ムダが温存されやすい問題に関しては、四半期決算が有効です。つまり、予算管理サイクルの短縮化です。

上場企業では四半期決算が浸透してきましたが、日本の会社の圧倒的多数はいまだに一年単位で決算しています。これはムダの温床になります。四半期決算にすれば、少なくても三カ月に一回は予算を見直す機会があり、ムダの早期発見につながります。

さらに、変動予算管理やローリング・フォアキャストという方法もあります。予算を固定化せず、適宜修正しながら臨機応変に進めていく方法です。状況の変化が激しい企業では、有効です。

従来の予算管理にこだわらなければ、このようにいろいろなやり方が可能です。予算管理とはこういうものだと決めつけず、柔軟な発想でマネジメントしたいところです。

39 コスト削減をイノベーションの契機にする

予算計画の結果、自分の部署の予算が大幅に削られたとします。ここで「耐え忍んでコツコツやるしかない」と考えるマネジャーは、発想を変えたほうがいいかもしれません。予算削減は、ガマンによって乗り越える対象ではなく、工夫をして新たな手段を生み出す契機です。

予算が減れば、ある目標を達成するために費やすコストも下げざるを得ません。コストが下がれば、目標の達成度も下がります。たとえば一〇〇〇万円のコストで顧客一〇〇人を獲得していたところ、コストが半分の五〇〇万円になれば、獲得できる顧客も五〇人になります。

一方、会社は経費を削りつつも、成果は従来どおり要求してきます。そのため現場は細かな経費を節約して、本来の業務に必要なコストをなんとか捻出したりします。

しかし、ここで本当に必要なのはガマンでしょうか。ガマンを強いられるのは、これまでの延長線上で仕事をしているからです。これまでと同じ方法Aを続けているかぎり、コストに比例して成果が落ちていくのは避けられません。そうではなく、与えられた予算で目標を達成できる方法Bをあらためてひねり出すことが大切です。

費やせるコストが減っても従来の手段で目標達成を目指すのは、ガマンです。一方、コストが

ガマンでなく工夫によって予算内での目標達成を目指す

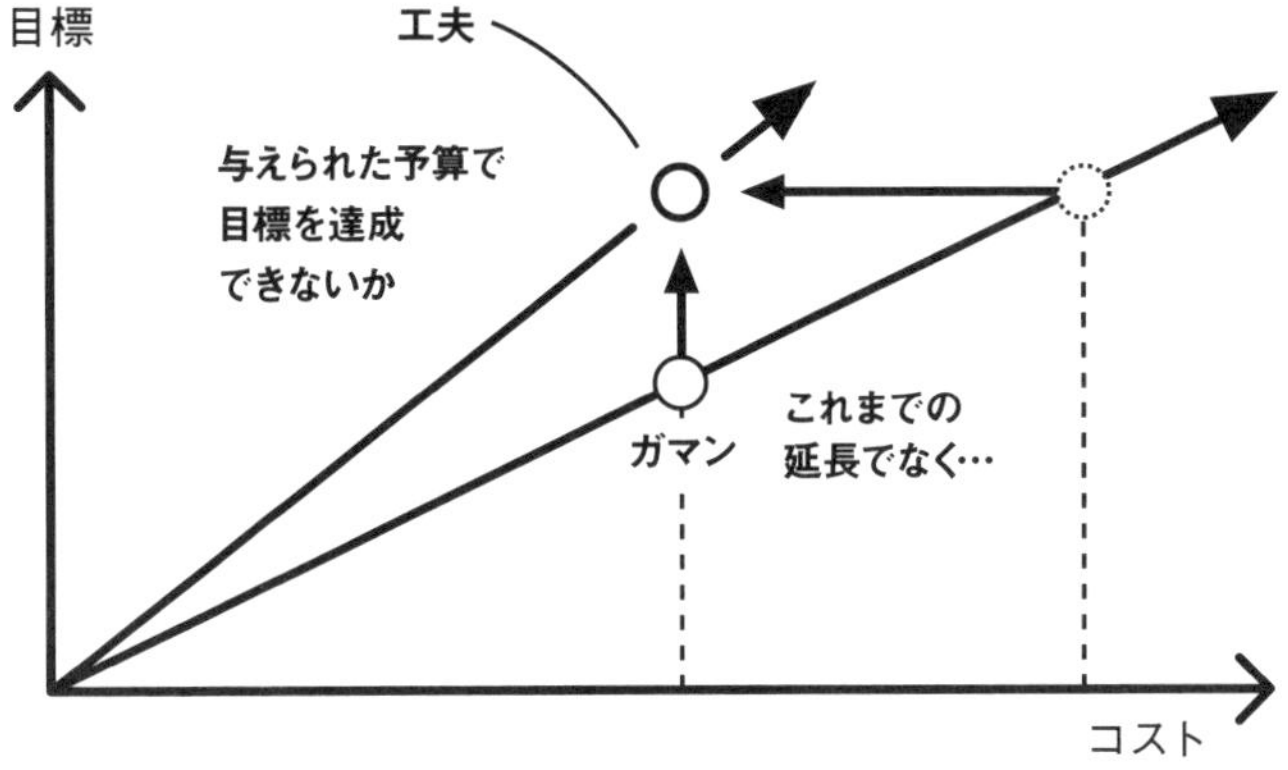

費やせるコストが減ったとき、従来の手段の延長線上で目標達成を目指すのがガマン。そうではなく、これまでの手段を手放すことで、従来と同じ目標が達成できないかを考えるのが工夫。その意味で、予算削減はイノベーションを生み出す契機になる。

減ったら、それを所与としてベストな手段を探るのは、工夫です。

これまでの手段を手放したとき イノベーティブな発想が生まれる

予算が削られると、私たちは支出を切り詰めてそれを乗り越えようとします。しかし、ガマンを強いられるわりに、効果は微々たるものです。できることにも限界があります。

大幅に削られた予算で従来と同じ目標を達成しようと考えるのなら、これまでの手段を思い切って手放すことです。

これまでの手段を手放したときに新しい発想が生まれ、それがイノベーティブな方法の発見へとつながります。その意味で、予算削減はイノベーションを生み出す絶好の機会なのです。

40 情報と知識の違いを明確にする

みなさんは、「情報」と「知識」をきちんと区別しているでしょうか。

私が所属する日本VE協会（公益社団法人日本バリュー・エンジニアリング協会）では、情報を「目的達成に役立つ知識」と定義しています。世の中にあふれている知識の中でも、目的の達成に必要なものだけを情報と呼んで、他の知識と明確に区別しているのです。

たとえば、終電間際まで新宿駅近くのお店で飲んでいたとします。ぎりぎりまで飲みたい気分ですが、終電を逃してタクシーで帰るほどの余裕はありません。このとき新宿駅の時刻表があれば役に立ちますが、隣の代々木駅のものであればどうか。時刻表は、どちらも知識です。しかし代々木駅の時刻表は終電に乗って家に帰るという目的に関係がなく、情報としての価値はありません。このシチュエーションで情報と呼べるのは、新宿駅の時刻表だけです。これが情報と知識の違いです。

ビジネスに情報が不可欠であることを否定する人はいないでしょう。ところが情報と知識を混同して、何でも集めてストックしようとする人が少なくない。これはかえって効率を落とします。

知識をストックしていけば、「ものしり」になることができるかもしれません。しかし、ものしりだから仕事がうまくいくわけではない。むしろ大量の知識は、情報処理の邪魔をします。やみく

7つの原則を押さえれば効率的に情報収集できる

❶ **WHY** ---------------- 誰のため？ 何のため？

❷ **WHAT** ---------------- 何を

❸ **WHERE** ---------------- どこから

❹ **WHO** ---------------- 誰が

❺ **WHEN** ---------------- いつ

❻ **HOW TO** ---------------- どうやって

❼ **HOW MANY** ---------------- どのくらい

もに知識をかき集めることで、個人のパフォーマンスは落ちるのです。

　効率的な情報収集を行うには、次の七つのポイントを踏まえることが大切です。

「誰のため？　何のため？」（WHY）
「何を」（WHAT）
「どこから」（WHERE）
「誰が」（WHO）
「いつ」（WHEN）
「どうやって」（HOW TO）
「どのくらい」（HOW MANY）

　最初の「誰のため？　何のため？」を意識すれば、情報と知識の区別はつきます。誰のためでもなく、何のためにもならない情報は、現時点では知識に過ぎず、ストックする必然性はない。この区別をつけることが、大量の知識に溺れず、情報を効率的に活かすための第一歩になります。

41

六割で判断する習慣をつける

自分で情報収集を行うとき、あるいは人に情報収集の指示を出すときには、先にあげた七つのポイントを明確にすることが大切です。

あなたがイベントの集客に影響を与える天気情報を必要としていたとします。このとき「天気情報を調べてこい」と曖昧な指示を出すと、相手は不足がないように、できるだけ多くの情報を集めようとします。曖昧な指示は、相手の負担を増やすだけではありません。膨大な情報を前にして、あなた自身も途方に暮れることになります。

情報収集や情報処理に関するムダな作業を減らすには、まずは欲しい情報を明確にする必要があります。天気情報が欲しければ、次のように指示します。

「○月×日の降水確率を、気象庁から入手してください。イベントの集客分析に必要です。担当は○○さんで、明後日までにお願いします」

このような具体的な指示により、担当者もあなたもムダな作業を減らすことができます。

先にあげた七つのポイントのうちでも意識してほしいのは、情報を「どのくらい」集めるのかという視点です。

たとえば天気情報を集める場合…

情報No	情報名	情報源	情報量	方法	担当	期限
1	月平均気温	気象庁	1年間分	ネット	××××	×月×日
2	月間降水量	××××	××××	××××	××××	×月×日
3	⋮	⋮	⋮	⋮	⋮	⋮
4						
5						
6						
7						

「何を」「どこから」「誰が」「いつ」「どうやって」「どのくらい」をリスト＝表に落とし込む。
とくに意識したいのは、どのくらいという情報の量だ。6割を決断の目安にするといい。

降水確率のようなピンポイントの情報は量を指示する必要がありませんが、「過去の天気情報」なら話は別です。一週間前までさかのぼるといいのか、一カ月前までなのか、それとも過去一〇年分なのか。そこを明確にしないと情報量がどんどんと膨らみ、お互いの負担が増していきます。

では、際限なく情報収集が可能な場合、どこを一区切りにすればいいのでしょうか。私は必要な情報が六割集まったら十分だと考えます。

情報量が六割を超えると収集の効率が急激に落ちる

情報収集のスタート時は、さほど苦労することなく情報を入手できます。しかしある程度の情報が集まると、徐々に壁が高くなり、不足している情報を手に入れるために多大な時間や手間を要するようになります。経済学でいう限界効用逓減の法則です。

情報収集の効率が急激に落ち始めるのは、情報量が六割を超えたあたりです。情報収集にそれ以上のリソースを投じるくらいなら、情報収集する本来の目的のためにリソースを費やしたほうがいいのです。

とくに時間は貴重なリソースです。ビジネスでは情報が六割集まった時点で判断して次のアクションにつなげないと、市場のスピードについていけません。「市場を一〇〇％リサーチしてから商品企画を提案します」と時間をかけているあいだに、市場そのものが変化します。情報収集をだらだらと続けるのは、貴重な時間をムダにする行為。六割の時点で何らかの決断をして前に進むほうが生産性は高まります。

情報量が六割では不安だという人もいるでしょう。そこで感性の出番です。情報量が足りないと困るのは、判断を知性に頼っているからです。感性による判断は、情報量に依存しません。六割あれば、十分に決断は可能です。

42 集めて区別ではなく、区別して集める

ＩＴの発達は私たちの仕事のスタイルを大きく変えました。情報の整理もその一つです。スペースに物理的制限がなくなり、「気になる情報は、とにかくオンラインのストレージサービスに放り込め」と、情報を幅広く集める人が増えてきました。

ただ、アンテナに引っかかったモノをすべてストックするやり方は効率的ではありません。情報収集の手を広げれば、その中に必ずガーベージ（不要なデータ）が紛れ込みます。そのため溜めこんだ情報の中から欲しいモノをピックアップするときに、ふたたび「この情報は使えるかどうか」を精査する必要があります。欲しい情報を選抜するのに一次試験と二次試験を受けさせるようなもので、極めて非効率です。

情報収集に一次試験も二次試験もない。いきなり最終試験です。最初の段階でガーベージを取り除いて質の高いモノだけに絞り込めば、そのあとの管理は楽になります。

私の信頼するアメリカの友人は、情報整理に関して「トリプルＡの情報だけをマネジメントすればいい」と話していました。最初の段階でトリプルＡだけを集めるのか、それとも格付けが下のモノも含めて情報をかき集め、あとからトリプルＡを選び直すのか。最終的に選び出す情報は同じで

も、管理の負担が少なく、いざというとき欲しい情報をすぐ活用できるのは前者です。

では、トリプルAの情報をどうやって選び出すのか。

質、量、場のふるいにかけて残った情報がトリプルA

最良の情報を見極めるには、「質」、「量」、「場」の三つの視点が必要です。

情報の「質」を判断する基準は、「正確性」、「有効性」、「信憑性」です。市場のリサーチ情報を例に説明しましょう。

正確性が高い情報とは、バラツキの少ない情報です。たまたま偶然の結果ではなく、繰り返しリサーチしても、あるいは他の地域でリサーチしても結果が変わらない情報ほど、正確性が高いといえます。

情報の有効性は、正しいサンプルから導き出したものかどうかで決まります。たとえば女性向け商品のリサーチをするのに男性から意見を聞いても仕方がない。また女性相手でも、ヒアリングしたのは一〇人だけでは、リサーチの有効性に疑問が残ります。

信憑性は、情報に歪みがないかどうかで判断します。誰かの主観的な意見でなく、何らかの標準と比較したうえでの客観的な分析なのか。主観的な意見だとしても、複数の人からヒアリングしたものなのか。それによって情報の信憑性を判断していきます。

AAA（トリプルA）情報の判断には3つの視点が必要

情報の質を3つの基準からみる

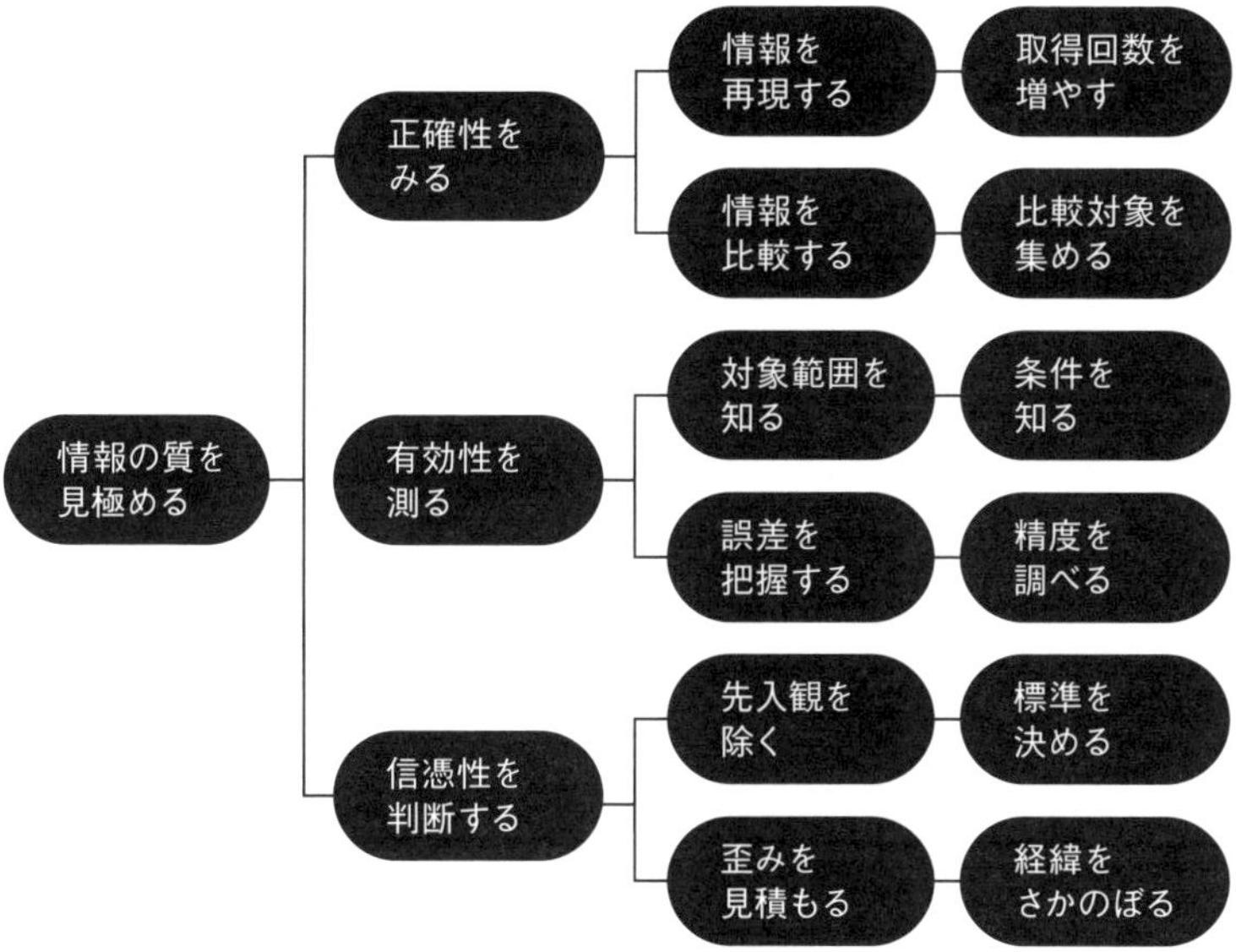

情報の量を3つのレベルでコントロールする

トリプルAの情報だけをストックして、管理する

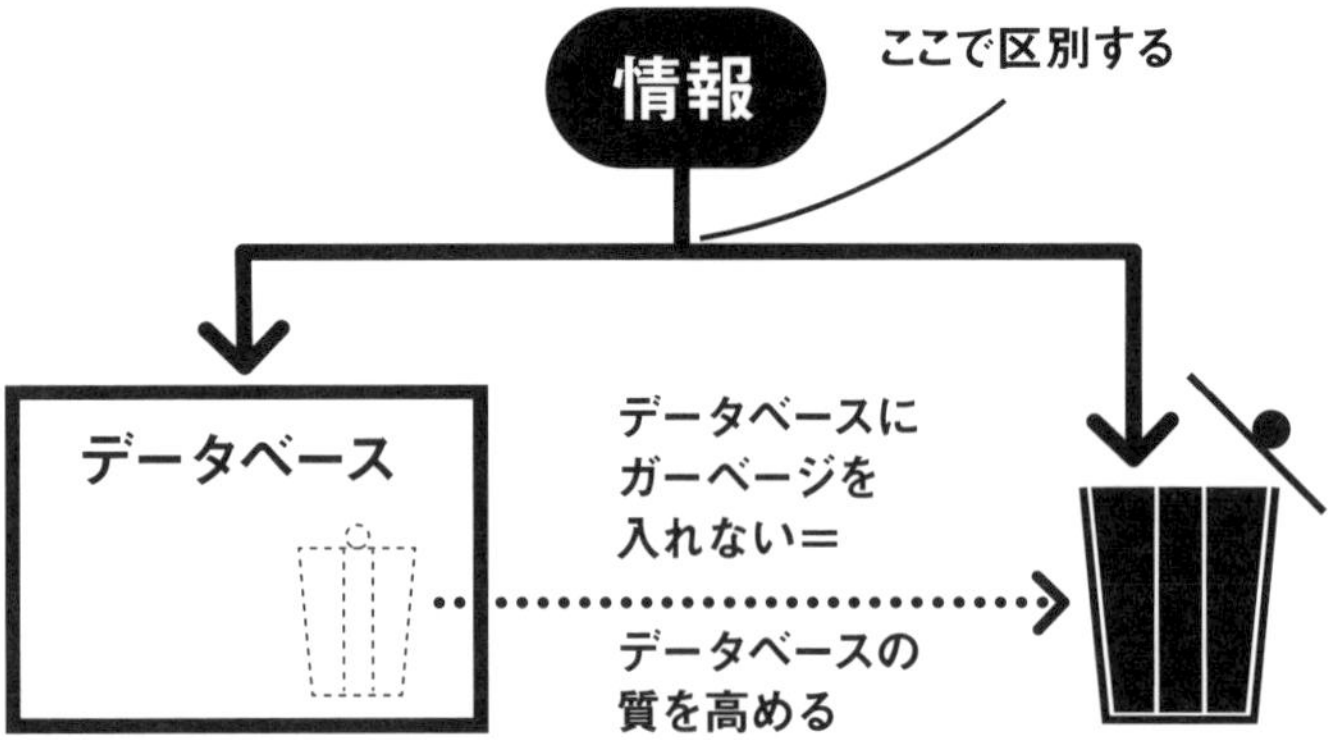

ストックするのはトリプルAの情報だけでいい。集めてからトリプルAを選び直すのでなく、集める段階で質の高いものだけをデータベースに放り込めば、最終的に選び出す情報は同じでも、管理の負担も少なく、いざというときに欲しい情報をすぐ活用できる。

正確性、有効性、信憑性。これらが一定の基準をクリアしていない情報は、仕事に活用することが難しい。ガーベージとして弾いても仕事には何の差し支えもないでしょう。

情報の「量」はどうか。判断に必要な情報量は六割だと指摘しましたが、機械的に六割集めればいいというものではありません。

情報は、「目的達成に必須の情報」、「目的達成に大いに貢献する情報」、「ないよりはあったほうがいい情報」の三つのレベルに分けることができます。六割で判断するといっても、下のレベルから六割では情報量が足りません。逆に上のほうからなら五割や四割で決断することも可能です。情報を選ぶときは、それを意識しながら量をコントロールします。

最後の「場」は、情報の信憑性に関係します。

情報は伝言ゲームのようなもので、発生から入手までの中継点が多いほど中身に歪みが生じます。中継点が少なくても、発生した時点ですでにバイアスがかかっているケースもあります。情報を見極めるときは、場によるバイアスを差し引いて考える必要があります。

発生源や中継ルートを追跡できない情報は論外です。もっともらしい情報でも、追跡不能な情報は信頼できません。最初から省いたほうが無難です。

以上の「質」、「量」、「場」の三つでふるいにかけても残った情報が、トリプルＡの情報といえます。ストックして管理するのは、トリプルＡの情報だけでいい。その他の情報を抱え込む必要はないのです。

43

情報は事例でなく、原理で理解する

最後にもう一つ、情報のストックを減らす方法を紹介しましょう。情報を「事例」でなく、「原理」で溜めるのです。

事例情報は、それが起きた状況下でしか効果を発揮しません。それ以外の状況下で起きたコトを理解するには、また新しい事例をストックする必要があります。そうやって事例を積み重ねても、ケース・バイ・ケースであるかぎり情報収集に終わりはありません。

一方、原理でストックすると、たくさんの事例を集める必要がなくなります。「日本では経済がこうなった」、「アメリカ経済はこうだった」、「ブラジルではこうだった」とストックしなくても、「経済理論では、こうなっている」の一つで済むのです。

事例でなく、コトバについても同じことがいえます。

私たちは頭の中の思いを相手に直接届けることができません。思いをコトバに表し、コトバを相手に伝え、受け取った相手がコトバに込められた思いを推し量るという三つのプロセスを経て、頭の中をようやく相手に伝えることができます。相手とうまく意思の疎通ができないのは、この三つのプロセスのうちのどこかで変換ミスが起きているからです。

大切なのは、事例のストックより１つの原理を見つけること

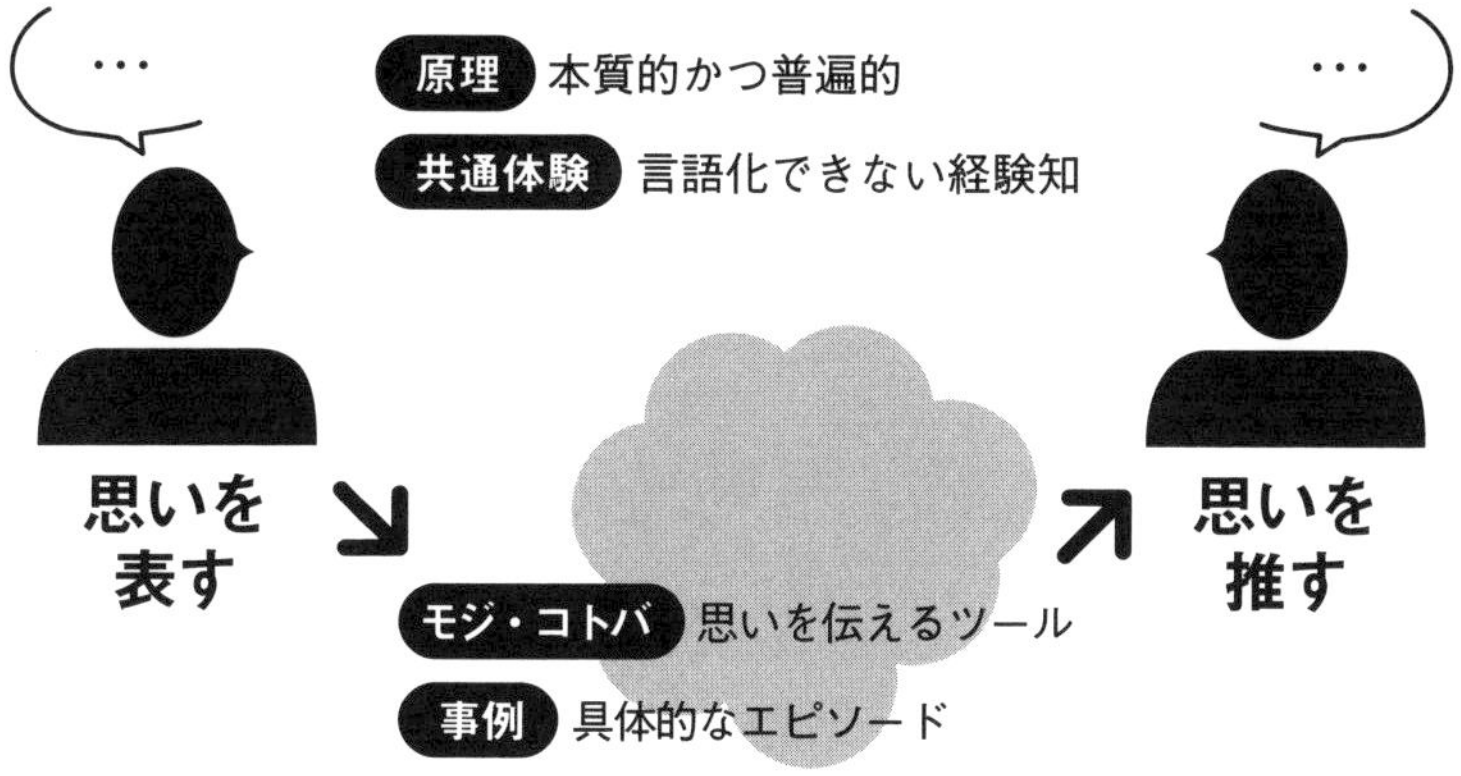

モジは記号、コトバは信号。もっというと暗号でしかない。モジやコトバを知っているより、共通体験があるほうが思いの変換ミスがない。「永田町」と言ったとき、伝える側と受け取る側が違った解釈をすれば間違って伝わる。事例と原理の関係と同じだ。

その意味で、コトバは単なる信号です。もっといえば暗号です。

ただ、この暗号はいつも正しく解読されるとは限りません。たとえば政治の中心地を表現するつもりで「永田町」というコトバを使ったとします。しかし、相手は「永田町」というコトバから、たんに地名としての永田町をイメージするかもしれません。これはお互いに暗号を解読するキーが違っているからです。

一〇〇の事例を集めるより一つの原理を見つける

しかし、お互いに共通の体験を持っている間柄なら、こうした変換ミスは起きづらくなります。

コトバが暗号だとしたら、共通体験は暗号の解読キーです。お互いに共通している体験が多いほど、思いとコトバを変換するときのズレが小さくなります。共通体験により、お互いが同じモノやコトをイメージするからです。

たとえば、政府関係者が永田町といったとき、その永田町はたんに地名を指すのではないと推察されます。そこにはヒト、モノ、カネなど言語化されない多くの情報がついてきます。コトバを尽くさなくても、永田町という暗号を使うことでそれらがすべて伝わるのです。


これは、チームにおけるコミュニケーションでも同じです。

ある商品の触感について部下たちに指示が伝わらず、悩んでいたとしましょう。そのようなとき、相手が間違いなく経験していることをうまく利用して、たとえば「赤ん坊の肌のような触り心地」と表現すれば、どんなコトバよりも確実に伝わります。

一〇〇のコトバや事例より、一つの原理です。コトバや事例より、原理で情報をストックしたほうが、情報量がずっとコンパクトなるだけでなく、仕事におけるコミュニケーションのミスも少なくなります。それにより、時間のロスも減るのです。

第6章

個人の能力を最大化する

44

ネットとリアルのバランスを棚卸しする

インターネットの登場で、私たちのビジネスは変わりました。ネットのおかげで席に着いたまま顧客に挨拶ができます。背もたれにもたれかかったままお詫びすることも可能です。人脈や情報を足で稼ぐ必要もありません。わからないことがあれば、ネットで誰かが答えてくれます。記憶するスキルは要求されず、検索するスキルがあれば十分に仕事ができます。

ネットはプライベートも充実させてくれます。ＳＮＳやソーシャルゲームの中にはゆるい感覚でつながれるコミュニティがあり、好きなときに参加することもできます。ネット空間でのつきあいに疲れたら、リセットするかアカウントを変えてやり直してもいいのです。熱意も、勇気も、努力もいらないお手軽な日常が容易に手に入ります。

インターネットが普及し始めたころは、ネットは社会の一部に過ぎませんでした。ネットはあくまでも社会を補完する存在であり、社会に存在し得ないものはネットの中にも存在しませんでした。ところがいまやネットは、その中だけで完結できる新しい社会をつくりつつあります。かつての社会は「リアル」と呼ばれて、ネット社会と区別されるようになりました。私たちはいまやリアルとネットというパラレルな二つの社会を、行ったり来たりしながら生活している状況です。

二つの社会が並行すると、自分のやりたいことをリアルで実現する必然性が薄くなっていきます。リアルだとリスクがともなうようなことは、ネットでやればいいと考える人たちもいるかもしれません。ネットで競争して、ネットで批判して、ネットでアピールして、ネットで友だちをつくる。それで満足感を得られます。

《ネットを充実させる》ためにリアルがあるのではない

もちろんネット社会だからといって万能の神になることはできません。しかし、一定の匿名性があり、いつでもリセットが可能な状況が、私たちの背中を押してくれます。ネットでは、リアル以上に積極的になれます。そうやって経験値を積み上げていくにつれ、ますますネット社会の居心地が良くなってくるのです。

ただ、ネットへの依存は危険をはらんでいます。私たちが生きているのはリアルな世界です。ネットは《リアルを充実させる》ためにあるのであって、《ネットを充実させる》ためにリアルがあるのではありません。ネット社会に軸足を置いてしまうと、リアルで生きるスキルがどんどん低下していきます。

ネットとリアル。具体的には、リアルで困らないように足を下ろしたうえで、ネットを存分に活用する。そのバランスが肝心です。

45 海陸両様の生き方を目指す

米国の心理学者、アブラハム・マズローは人間の基本的欲求には五つの段階があると主張しました。理論を体系化した図は、みなさんもご存知でしょう。

私たちの基本的欲求のうち、もっとも低次なのは第一段階の「生理的欲求」です。これは、ぐっすり寝たい、おなかいっぱい食べたいなど、いわば生命維持のために必要な欲求を指します。

生理的欲求が満たされるにつれて、人間の欲求はより高次なものに移ります。第二段階は「安全・安心の欲求」です。それが満たされると第三段階の「社会的親和の欲求」、第四段階の「自尊の欲求」、最終的には第五段階の「自己実現の欲求」と移行していきます。

マズローの欲求の五段階は、すべてリアルで満たすことが可能です。一方、ネットで満たせるのは第三段階の「社会的親和の欲求」より上の欲求であり、生理的欲求や安全・安心の欲求といった身体的・本能的な欲求は満たせません。換言すると、ネットは人間の高次の欲求を満たすのに適したシステムといえます。

こうした特質を踏まえて、下層の欲求はリアルで満たし、上層の欲求はネットで満たすことが最適なバランスだと考える人もいます。リアルで承認されなくても、ネットで自分を確立できれば十

ネットは人間の高次の欲求を満たすのに適している

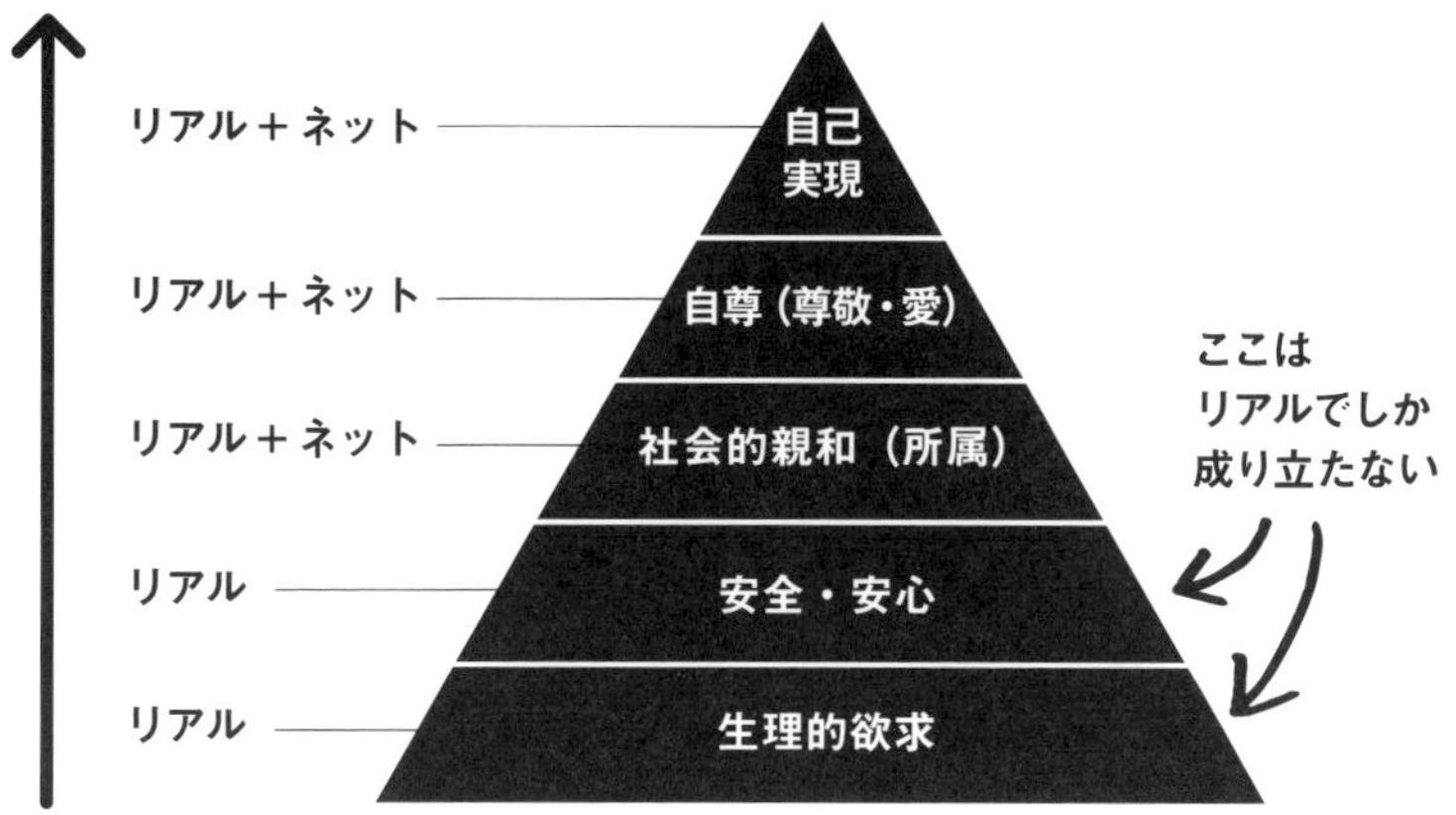

マズローの「欲求の５段階」にリアルとネット、それぞれを対応させると、ネットの特質が見えてくる。いまやネットも社会になっている。大事なのはリアルとのバランスだ。

分だというわけです。

しかし、そうした生き方には危うさを感じます。上層の欲求をネットで満たすようになると、逆にそれらをリアルで満たす機会が減っていきます。

リアルのコミュニケーションが減少して、職場での会話がなくなり、家族や友人との会話も減ります。さらにリアルな熱意も、リアルな勇気も、リアルな努力もいらなくなる。いつのまにかリアルで必要なスキルが衰え、ネット社会への依存をますます強めていくのです。

ネットでもリアルでも自分の居場所を確立する

ネット空間は、いっけん自由に見えるかもしれません。しかし物理的にいえば他人のつくったシステム上で、許された範囲の活動をすることしかできません。ある意味では不自由な社会であり、そこにしか居場所がないのは、自分を脆弱な立場に追い込むようなものです。

いま求められているのは、リアルでもネットでも動き回れる海陸両様のバランスです。片方だけに依存して、「井の中の蛙、大海を知らず」では成長に限界が訪れます。自分が硬直的では、目の前に広がる多様な世界に対応できません。自分の能力を磨くためには、どちらかで生きるのではなく、どちらでも生きることが大切です。

46 人脈のファンクションを考える

リアルでもネットでも、社会で生きていくためには人とのつながりが大切です。人脈の構築には、ギブ・アンド・テイクが大切だとよくいわれます。肝心なのは、その中身です。もしギブ・アンド・テイクは時間やお金、人材などのリソースをやりとりすることだと考えているなら、あなたは人で苦労することになるでしょう。

人脈でやりとりされるのは、その人の持つファンクション（役割、機能）です。リソースは、ファンクションを実現するための手段です。相手が求めているのはファンクションであり、リソースを直接的に求めているのではありません。

そこを間違えると、「これだけ時間を使って協力したのに、見返りが少ない」、「三人紹介したのに、向こうは一人しか紹介してくれない」とリソースの多寡を問題にして、お互いに不平不満をぶつけあってしまうことになります。これでは信頼関係へと発展しません。

重要なのは、相手から求められているファンクションを満たすことです。ファンクションを満たすことができれば、リソースの量は多かろうと少なかろうと、たいした問題になりません。つまり、お互いにファンクションでつながるのが本当の人脈といえます。

本当の人脈は機能、役割でつながっている

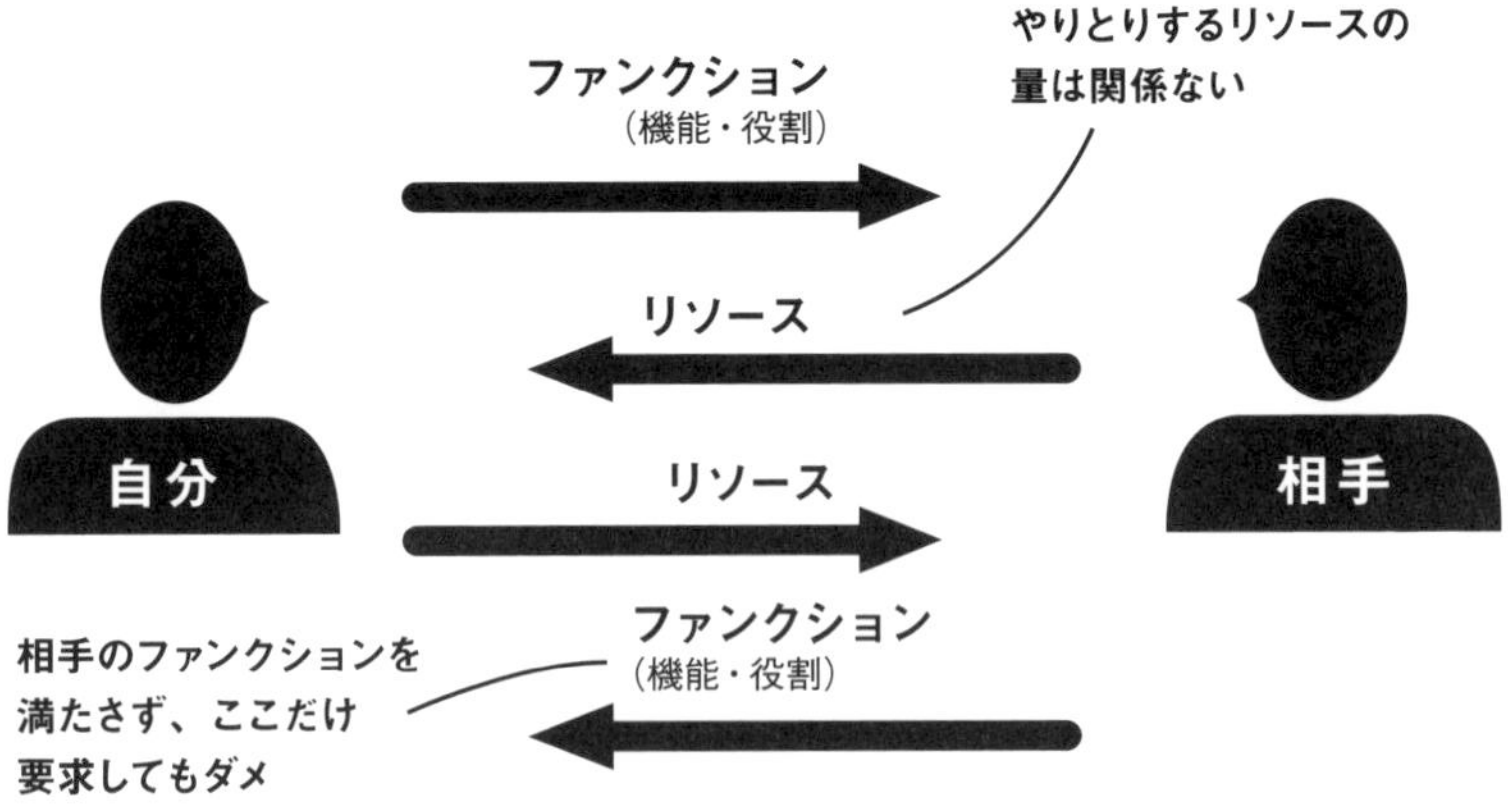

人とのつながりで大切なのは、時間やお金といったリソースをやりとりすることではない。リソースは、あくまで手段。まずは相手にとってのファンクションを満たすことだ。

加えていうなら、人脈はつくるものではなく、できるものです。自分がまわりに提供できるファンクションを持っていれば、自然に人は集まってきます。逆にいうと人脈ができないのは、自分が提供できるファンクションに魅力がないからです。人脈をつくるテクニックを磨いても、そのことに気づかなければ人脈構築は困難です。自分から攻めの姿勢でアプローチするほど、人は打算的なものを感じて逃げていきます。

人脈づくりで大切なのは、受けの姿勢です。身を低くすればするほど、人脈が集まります。水と同じで人もまた、流れるべきところに流れていくのが自然の摂理なのです。こちらからつくりにいかなくても、相手の求めるファンクションを満たしていけば、いつのまにか人やそれに付随するチャンスや情報が自分に流れ込んできます。焦る必要はまったくないのです。

47 時間の概念を人脈整理に取り入れてみる

人脈づくりについては、やってくるヒトをいかに制限するのかという問題のほうが深刻かもしれません。

ファンクションを持ったヒトのところには、きれいな水も、濁った水も流れ込んできます。それらをすべて受け止めていると、必要なヒトに必要なファンクションを提供できなくなる恐れがあります。ヒトが集まってくる段階であやしいヒトは受け流す必要があるし、協力関係を一度築いた相手でも、折を見て関係を見直す必要があるでしょう。

人脈の整理では、過去、現在、未来という時間軸が判断材料の一つになります。

過去はお互いにファンクションを提供しあう関係だったが、いまはそうでなく、将来もそうなる見込みがない相手は、意図的に関係を断ってもいいのです。「かつて仕事で一緒だったから」というように義理でリソースを消費しあうのは、お互いにとって負担になります。

逆に優先度が高いのは「いまお互いに協働関係にあり、将来にわたってそれが続く相手」です。過去がどうあれ、関係ない。判断基準は、いまと将来です。

いまはものすごい実績があって引く手あまたでも、将来性はそれほど高くない相手はどうするか。

水の流れと同じで、人も流れるべきところへ流れる

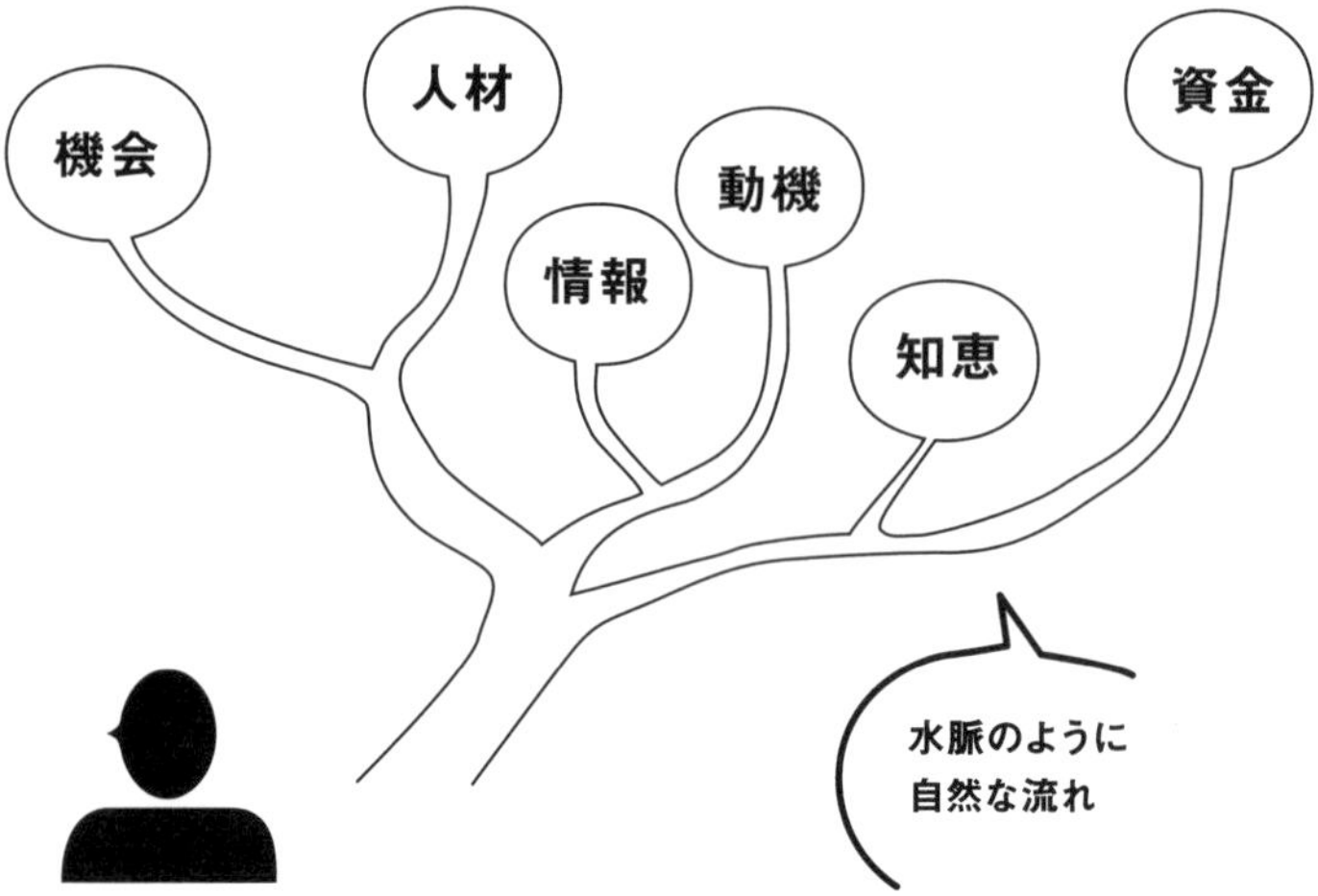

過去、現在、未来を軸に人脈を見直すと…

かつて（過去）	いま（現在）	いずれ（未来）	「断」	「捨」	「離」
○	○	○			
○	○	×		捨	
○	×	○			離
○	×	×	断		
×	○	○			
×	○	×		捨	
×	×	○			離
×	×	×	断		

解消の方向で動く（捨）
意図的に断つ（断）
一定距離でつきあう（離）

時間軸ごとに、相手との関係を見てみる。協働関係が「かつて、あった」（過去）、「いま、ある」（現在）、「いずれ、できそう」（未来）という場合は○、そうでない場合を×とすると、その人脈が断（断つ）、捨（捨てる）、離（離れる）のいずれにあてはまるかがわかる。

基本的に関係解消の方向で動きます。

人脈整理は、大事な人との時間を確保するため

一方、いまは実績不足でまわりから評価されていなくても将来、協働関係ができそうな相手については、一定の距離感を持ってつきあいます。

このあたりは自分のキャパシティと相談しながらの判断です。キャパシティがいっぱいになって身動きが取れなくなるくらいなら、無理して関係を構築する必要はありません。自分の目の前の仕事に集中したほうが、生産性はずっと高まります。

冷たく感じられるかもしれませんが、ビジネスにおける人脈はドライな視線で整理する必要があります。一方でプライベートの友情や愛情は、ビジネスと別に個人の感覚で判断すればいいと思います。もっともいけないのは、ビジネスでのつきあいでドライな判断ができず、時間や労力を費やした結果、プライベートのつきあいが犠牲になることでしょう。

人脈を整理して絞り込むのは、たんに仕事の生産性を高めるだけでなく、人生で大事な人とつきあう時間を確保するためでもあるのです。

48

名刺の管理をフローで効率化する

人脈の整理は、名刺の整理と同時に行うと効果的です。不要な人脈に関しては、名刺も不要です。後生大事に名刺を抱えていると、管理のコストばかりが膨らんでいきます。

名刺管理を効率化するには、まず名刺管理の目的を明確にする必要があります。

名刺管理には、「保管する」、「データ化する」、「分類する」といった手段があります。これらの手段は何のためかと考えていくと、名刺管理には《相手を確認する》、《連絡を可能にする》という二つの目的があることがわかります。この二つも、最終的には《つながりを残す》という目的に集約されます。つまり《つながりを残す》という目的につながらない名刺管理作業は不要だと判断することができます。

この分析をもとに、名刺管理のフローを考えてみました。フローに沿って判断すれば、名刺をどのような手段で管理すべきかが簡単にわかります。

最初に判断すべきは、「つながりを残したいかどうか」。これは前項で提案したように、過去、現在、未来の時間軸で考えるとわかりやすいと思います。ノーの場合、相手の名刺を残す必要はありません。名刺ボックスに放り込んだまま放置していてもいいし、ばっさりと処分してもいいでしょ

名刺管理の目的を分析すると…

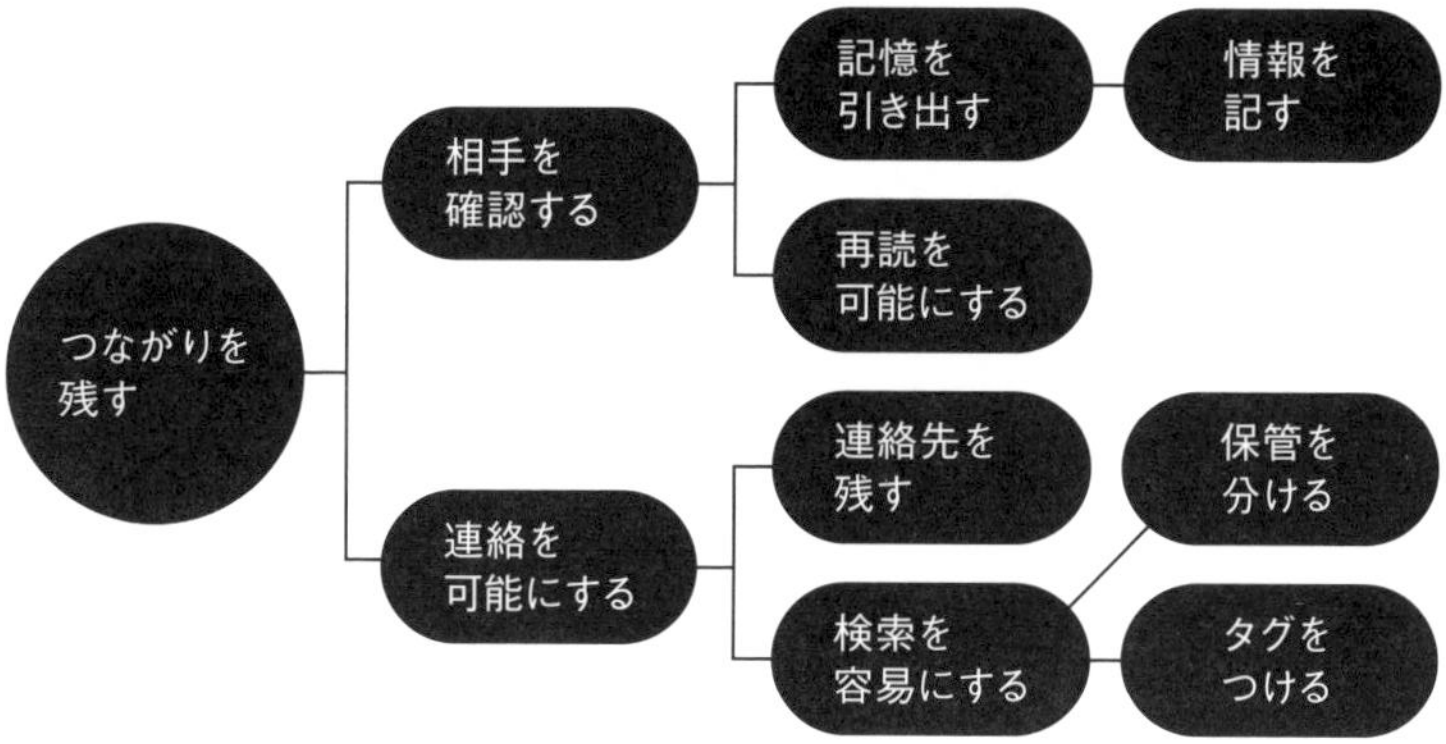

どのように管理するかをフローでチェック

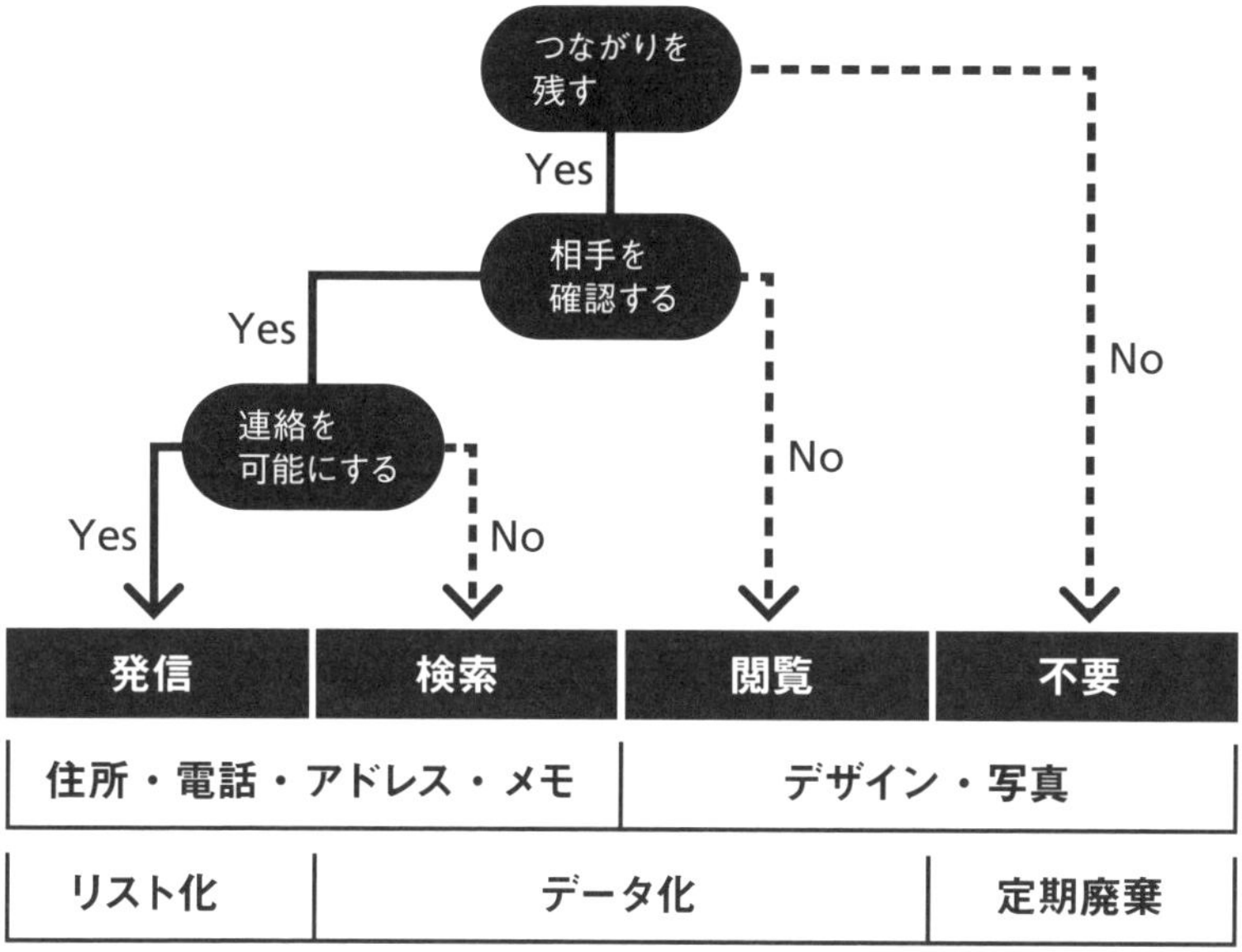

名刺管理の目的を分析、それにもとづいてフローチャートを作成した。フローに沿って判断するだけで、リスト化、データ化、廃棄といった名刺の管理手段が明らかになる。

う。イエスの場合は、次に「相手を確認する必要があるか」を考えます。たとえば向こうから連絡をもらったとき、「名前は思い出せたが、念のために肩書を確認しておこう」という相手ならイエス、確認するほど重視していない相手ならノーです。

連絡する可能性のある相手はリスト化する

確認の必要のない相手は、万が一に備えて閲覧できる状態にしておきます。ひとまずスキャナーでデータ化すれば十分です。一方、確認しておいたほうがいい相手は、いつでも名刺を検索できる状態にしておくことが求められます。この場合は同じデータ化でも、ＯＣＲ（光学式文字読取装置）にかけて文字データとして残す作業が必要になります。

データ化する名刺の中でも、「連絡を可能にする必要がある」相手は、事前にリスト化しておきたいところです。連絡する必要が生じてから名刺を探すと作業効率が落ちるので、面倒でもあらかじめピックアップしてリスト化しておいたほうが、トータルの時間を短縮できます。

人から名刺をもらうたびにデータ入力するのはムダです。連絡の必要のない人までリストに入れて、必要なときにパッと探せなくなっているのも効率が良くありません。この名刺は、あなたにとってどのような価値を持つ相手なのか。それを考えてから整理に取りかかると、要領を押さえた名刺管理ができます。

49 片づけの原則を再考する

日本の製造現場では、整理、整頓、清掃の「3S」が重視されます。工場や倉庫を普段からきれいにしておくことが作業の効率化につながることをよく知っているからです。

それに対して、ホワイトカラーの現場はどうでしょうか。書類や道具類で散らかり、必要なものをパッと取り出せないところも少なくない。改善余地が大いにあります。余計なものを減らして所定の位置に片づけるだけで、ホワイトカラーも製造現場並みの効率性を手に入れられるのです。

片づけ方の原則は三つ。「捨てる」、「減らす」、「残す」です。

モノ自体に何の機能も有していないモノは、即刻捨てます。また、何らかの機能はあっても、そのオフィスで働く人にとって不要なモノは減らします。一般的には役に立つと思われていても、利用者にとって価値の低いモノを置いておく余裕はない。スペースは有限なのです。

必要な機能を備えていても、無条件で置いておくわけにはいきません。たとえ有用でも、再入手が可能なモノは減らします。原本がどこかにある書類や、PCにデータがあっていつでもプリントアウトできるモノは、紙で保有している必要はありません。

書籍もそうです。絶版になっている本は除き、必要になったときに再度購入すればいいのです。

捨てる、減らす、残す。片づけ方の原則は3つ

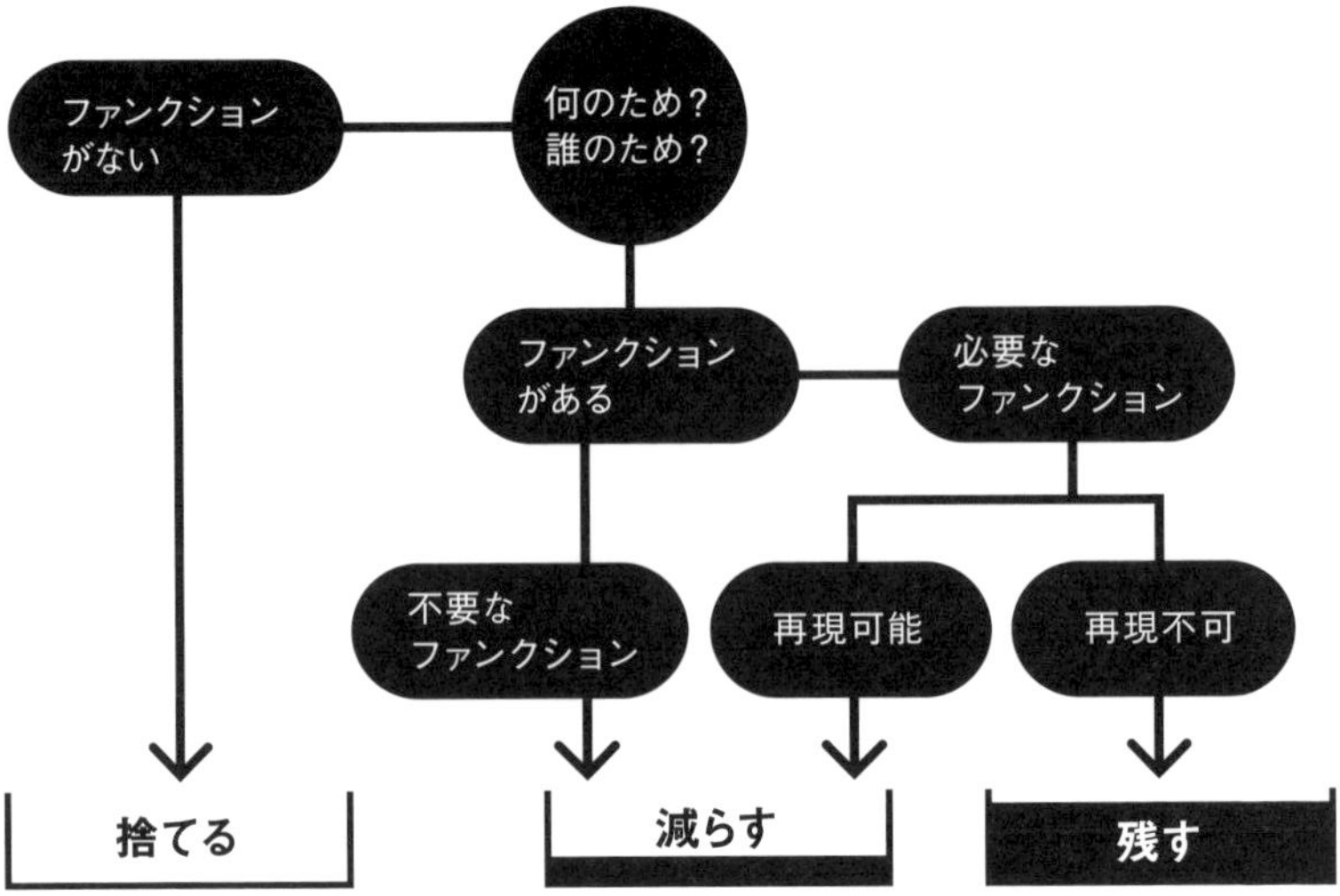

お金がもったいないといいますが、そのスペースをムダに占有して作業を妨げるロスのほうがずっと大きいといえます。

逆に、再入手しにくいモノは残します。価格が安かったり機能が優れていなくても、再入手の可能性がないモノは一度捨ててしまうと取り返しがつきません。完全に再入手不可でなくても、古書店でしか手に入らないような資料や、取り寄せるのに時間や手間がかかる資料は、手元に残しておいたほうがいいでしょう。

それでもまだモノであふれているなら、スペースごとに価値を定量化します。不動産の坪単価と同じ発想で、「このスペースに対して、このモノを置く効用はどれくらいか」と考えるのです。坪単価に勘算したときに、残す価値があるかどうか。それをもとに比較すれば、どちらを残すべきかという悩みも解決できます。

50 通勤の役割を見つめる

毎朝、始業時間に間に合うように家を出て、満員電車に揺られて会社へ向かう。私たちがあたりまえのように続けているこの習慣には、大きなムダが隠れています。満員電車に乗っての通勤です。満員電車の中では、本や新聞を読むこともままなりません。有効に時間を使えないだけでなく、心身ともに消耗してコンディションにも悪影響を与えます。ムダなどころかマイナスです。

満員電車に乗ってまで通勤する意味はどこにあるのか。通勤の役割を整理しましょう。

オフィスに移動するのは、《人や道具を一カ所に集める》ためです。《場所を移す》コトで、《オンとオフを切り替え》て《モチベーションを高める》効果もあります。

人が一カ所に集まれば、上司や部下とフェイス・トゥ・フェイスで《言葉を交わす》コトも可能になります。対面のコミュニケーションによって仕事に必要な《情報を交換し》たり、《相手の調子を察する》こともできます。

これらの役割をまとめていくと、《業務効率を上げる》、《業務作業を促す》、《業務停滞を減らす》の三つに集約できます。私たちの多くは、この三つの役割を満たすためにガマンして毎朝電車に揺られているのです。

ただ、三つの役割を果たせるなら、従来の通勤のカタチにこだわる必然性はありません。みんなで同じ時間帯の電車に乗って会社に行くのは、役割を果たすための手段の一つに過ぎません。役割が果たせるなら、時差通勤したり、環境が許すなら会社に行かずに家で仕事をするという選択肢もあり得ます。

朝に通勤しないで本当に三つの役割を果たせるのか。参考までに私の一日の流れを紹介します。起床時間は毎朝四時です。三時間ほど集中して仕事をすると、朝食を食べたり身だしなみを整えて、朝八時に家を出ます。

このまま駅の改札をくぐるとラッシュアワーにぶつかります。そのため電車には乗らず、近所の喫茶店へと向かいます。お店は電源と無線ＬＡＮ環境があるので、家とほとんど変わらない状態で仕事ができます。

電車が空いてくる一〇時台まで仕事をしたら、いよいよ会社に行くために電車に乗ります。満員電車の中では新聞や本を読むのも一苦労ですが、一〇時台の電車はガラガラなので、まわりの迷惑にならない範囲でＰＣや書類を広げることもできます。多少の制限はありますが、電車の中でもそのまま仕事を続けます。

会社には一一時ごろ到着します。出勤後は、オフィスでなければ達成できない仕事の指示や報告、会議や打ち合わせなどの仕事を処理していきます。

通勤は誰のため、何のためかを分析してみる

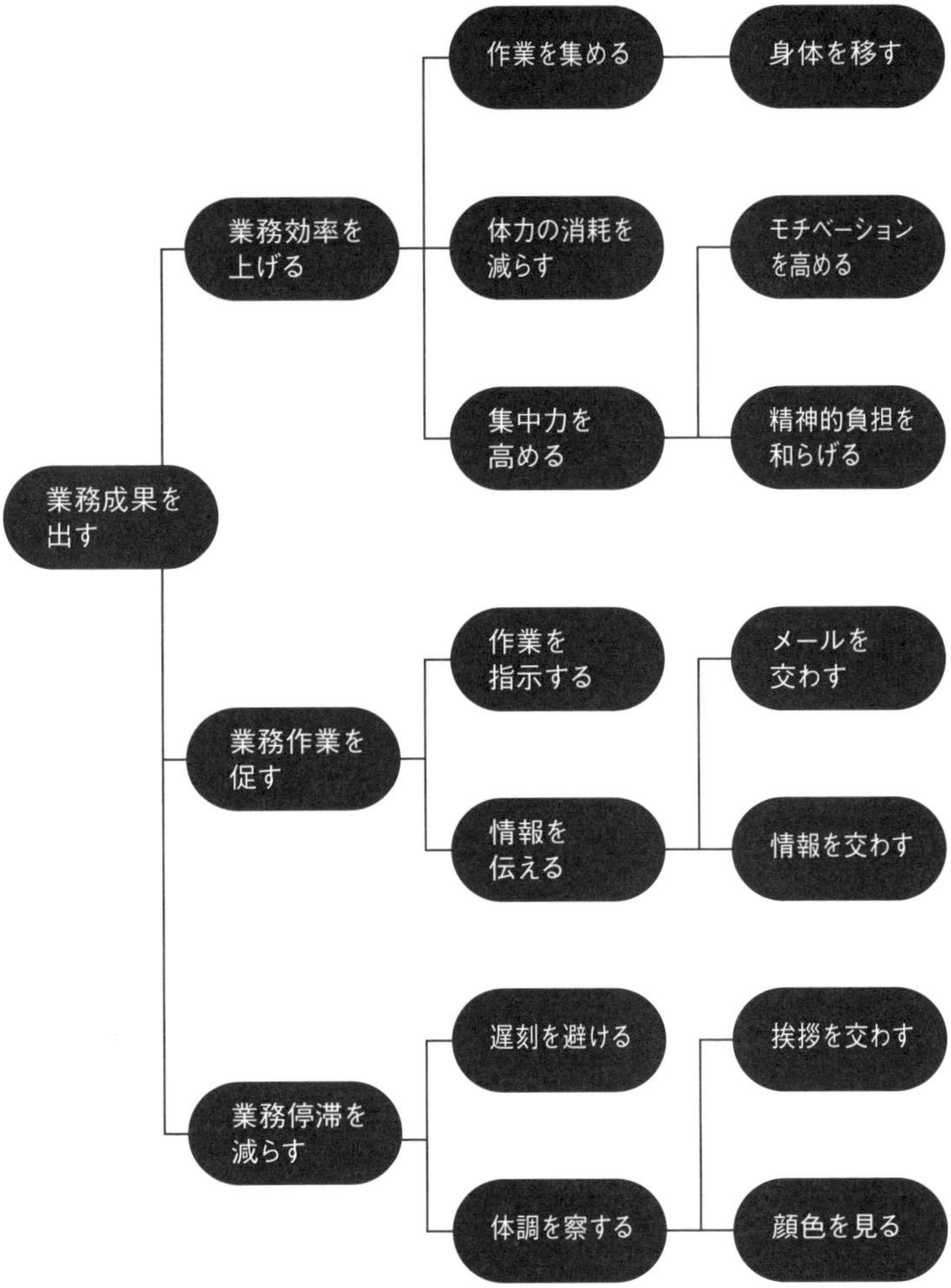

満員電車に乗っての通勤は、本当に必要なのか。たとえば、午前中は自宅近くのカフェでノートPCを使って仕事をすれば、肉体的・精神的負担も減り、時間が有効に使える。

定時の一七時になると仕事を切り上げて、夜のラッシュのピークがくる前に自宅に戻ります。自宅で二時間ほど残業して、二〇時になったらその日の仕事は終了。あとは家族との団らんにあて、翌日に備えて早めに就寝します。

出張やイベントがないときは、ほぼ毎日このパターンです。

満員電車に悩まなくても、通勤の役割は果たせる

このワークスタイルのおかげで、満員電車に悩むことはなくなりました。それでも自宅や喫茶店でテキパキと仕事をしているので、《業務効率を上げる》という役割は果たしています。また、会社にも出てスタッフと毎日顔を合わせているので、《業務作業を促す》、《業務停滞を減らす》といった役割も果たしています。私の場合、ラッシュを避けて電車に乗っても、通勤に求められる役割を果たせなくなることはありません。

フレックスタイム制ではない会社では、電車が空く時間帯に通勤することが難しいかもしれません。ただ、その場合も出社時間を早めてラッシュを避けることは可能です。

他の手段があるのに、あえて満員電車に乗って自分をすり減らす必要はありません。「朝はみんなと同じように会社に行くものだ」という常識の呪縛から逃れて通勤をもっと自由にとらえることが、時間の有効活用につながります。

51 割り込み仕事から自由になる

私は毎朝、喫茶店で二時間、仕事をしてから出勤します。オフィスの外で仕事をする目的は、満員電車を避けられることだけではありません。外で働くことによって、仕事中の〝割り込み〟を減らせるというメリットも享受できるのです。

ヒトが仕事で発揮するパフォーマンスは、「性能×稼働率」で示されます。もともとのスペックが高いヒトでも、いつも性能を最大限に発揮できるわけではありません。周囲の環境によって稼働率が落ち、パフォーマンスの低下につながることもあります。

稼働率という視点で考えると、オフィスは曲者です。ヒトや道具がそろっているので稼働率を引き上げてくれる面もありますが、一方で電話や来客、突発的な雑用の依頼などの割り込みが多く、それが稼働率を落とす一因になっています。私の実感でいうと、オフィスでの稼働率は約七〇%。プラスよりも、マイナスの影響のほうが強い印象です。

とくに思考系の仕事をしているときは要注意です。わずか一分で済む用事でも、思考をいったん中断すれば、ふたたびエンジンをかけ直すまでに時間を要します。その結果、時間のロスは何倍にも膨らんでしまいます。

割り込み対策は、場所（トコロ）の工夫で行うと効果的です。場所を問わずに働ける態勢を整えて、自宅や喫茶店、電車内といったオフィス以外の場所で仕事を進めるのです。

オフィスの外では、フェイス・トゥ・フェイスの割り込みリスクを考慮する必要がありません。上司から「そういえば、あの件はどうなった?」といきなり声をかけられたり、部下から「わからないことがあるので聞いていいですか」と相談されることもありません。

工夫が必要なのは電話やメールによる割り込みでしょう。人の邪魔が入らない環境で仕事をしていても、かかってきた電話にその都度出ていたら割り込み対策になりません。メールの返信も同様です。マナーモードにするなどして気が散らない状態をつくり、三〇分から一時間に一回、まとめてチェックして対応すれば十分です。

目的に合わせて、仕事の場所を使い分ける

仕事をする場所は、自分が求めるモノに応じて柔軟に選びます。雑音のない静かな環境が欲しいなら、早朝の自宅や図書館などが向いています。私は少々の雑音や揺れがかえって集中力を高めてくれる気がするので、喫茶店や電車内も積極的に活用しています。

一方、オフィスにはオフィスの役割があることを忘れてはいけません。

チームのメンバーとコミュニケーションするのは、社外よりも社内のほうがずっとやりやすい。割り込みこそが、オフィスの持つ役割の一つといえます。コミュニケーションが中心になる仕事はオフィスを活用します。

細切れでできる仕事や、短時間で片づく雑務もオフィスでやるのに適しています。経費精算や日報を書く作業は、中断があってもほとんど影響がありません。

大切なのは、トコロの使い分けです。集中力を高めて取り組まなくてはいけない仕事をするときは、割り込みのないオフィス外のほうが適しているし、コミュニケーションの量や質によって成果が左右される仕事ならオフィスが役に立ちます。目的に合わせて柔軟に使い分けてこそ、稼働率が高まってパフォーマンスも上向きます。

52 一つだけ見て、仕事に集中する

今日中に終わらせたい仕事が複数あるとき、あなたならどのように仕事を片づけますか。

Aの仕事に必要な資料をプリントアウトしているあいだに、Bの仕事の関係者にメールを打ち、終わりしだいCの仕事に取りかかる。こうしたやり方はテキパキしていて効率的に見えますが、実際は非効率です。本来、仕事はマルチタスクで処理することが理想です（第1章参照）。しかし、マルチタスクで処理しようとしてタスクを細分化しすぎると、集中力が高まる前に別のタスクに移ることになり、かえってパフォーマンスが低下します。

どんな人も、作業開始直後から能力全開というわけにいきません。最初は散漫な状態から逃れられず、陶酔ホルモンであるβ《ベータ》エンドルフィンが分泌されるにつれて徐々に集中状態へと入っていきます。どのレベルから集中状態と呼ぶのか一概にいえませんが、私の感覚でいうと、まわりが気にならなくなるまでに五分前後は必要です。その状態が一五〜二〇分続いて集中力が増すと、さらに一段上の陶酔状態に達します。ここがパフォーマンスのピークです。

二〇分を過ぎるとホルモンの効果が弱まり、徐々に陶酔状態から覚めていきます。たとえば電話が鳴るなどして、覚醒ホルモンであるアドレナリンが分泌されるイベントが起きると、集中力は一

ポモドーロ・テクニックで集中状態を生み出す

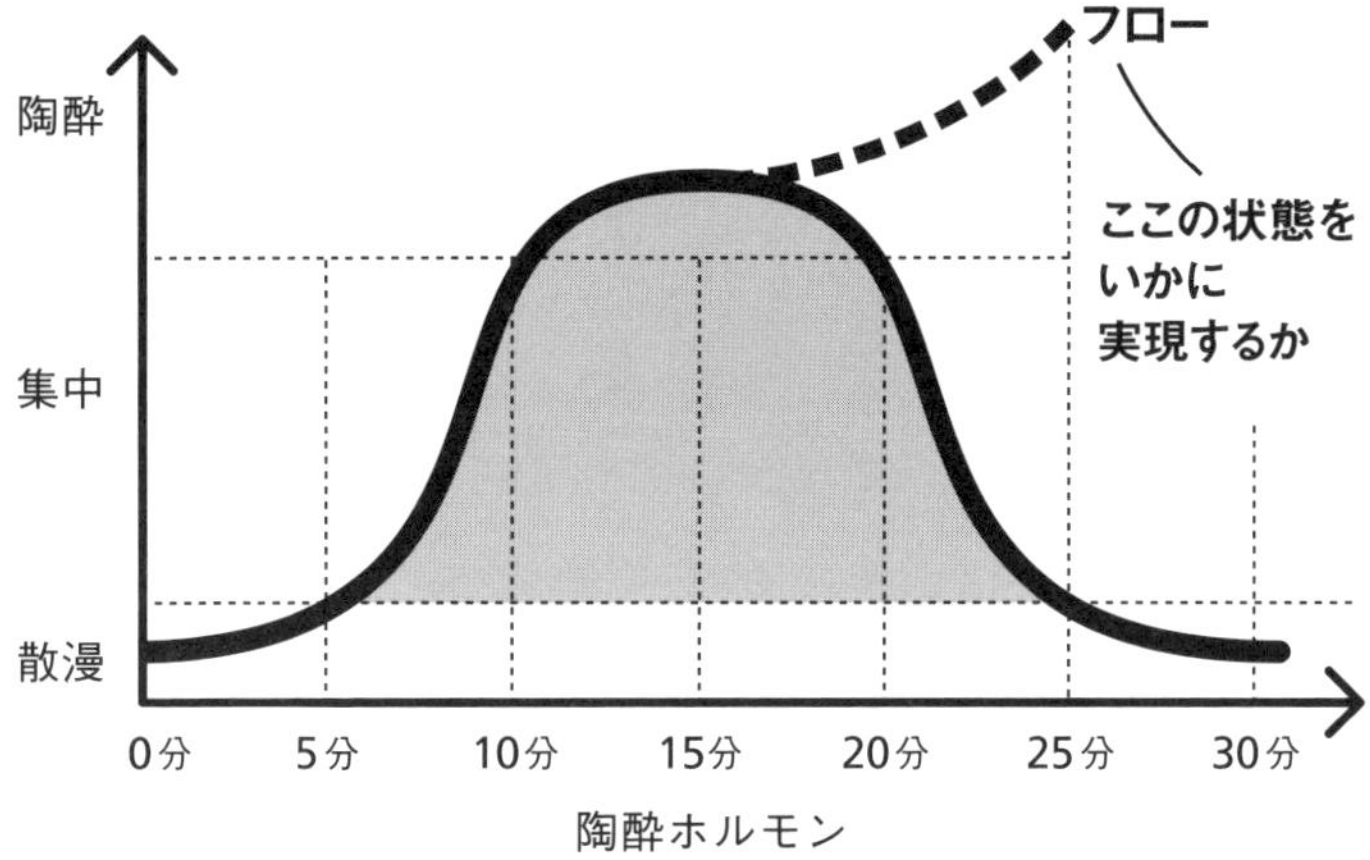

20分を超えて集中力を高めるには、25分間仕事、5分間休憩をワンセットにして仕事を処理するテクニックがある。その間は、他のことをいっさいしないのがルールだ。

気に低下して、その後しばらく散漫な状態が続きます。これが一般的な集中力のパターンです。

タスクを細かくしすぎると、タスクを切り替えるたびに覚醒ホルモンの分泌が促され、いつまで経っても集中状態や陶酔状態に達することができません。これでは気が散る状態を意図的につくり出しているようなもので、能率が上がらないのも当然です。

タスクの最低単位は、集中状態を最大限に享受できる二〇分間に設定します。Aの仕事をするなら二〇分間はAの仕事に集中して、その間は、BやCの仕事にタッチしないことが大切です。

さらに集中力を高めたければ、二五分間仕事、五分間休憩をワンセットにして仕事を処理していく「ポモドーロ・テクニック」を活用してもいいでしょう。ポモドーロは、イタリア語でトマトのこと。発案者がトマトの形をしたキッチンタイマーで二五分間を計っていたことから、この名がつけられました。

二五分は絶妙な時間設定です。私たちの集中力は一五〜二〇分がピークですが、「あと五分持続すればいい」という状況をつくり出すことで、集中状態や陶酔状態をさらに加速させる効果があります。ポモドーロ・テクニックには、「二五分間は他のことを一切しない」というルールがあります。このルールも集中力アップに一役買っています。外部からの刺激をシャットアウトすることで覚醒ホルモンが分泌されるきっかけをなくし、集中力を持続させるのです。

意識を散らさない工夫として、物理的に自分の身体や視界に制限を加える方法もあります。

二九歳のとき、私は技術士の資格を取りました。技術士の試験には論文の提出が義務づけられています。平日は本来の仕事に集中していたため、週末の二日間で一気に書き上げる必要がありました。そのとき私は自室にこもり、机がわりに使っていたコタツを壁際に移動させ、論文を書く以外に何もできない状態をわざとつくりました。壁とコタツの距離は自分一人分です。私たちの身体と意識は連動しているので、こうして身体を物理的に固定することで、意識を一点に集中させることができます。

オフィスで仕事をしているときに、段ボールでつくった簡易版パーテーションを椅子に取りつけて、自分の視界を遮ったこともあります。短期決戦で集中したいときになりふり構っていられません。「いまは邪魔しないでほしい」というメッセージを周囲に発することになるので、少し奇異に映るくらいでちょうどよいのです。

第7章

時代の潮流をつかむ

53

攻めを忘れず、守りの時代に対処する

戦後から現在まで、政府が目指してきた国づくりを年代ごとに整理すると、興味深い傾向が浮かび上がってきます。国づくりの方向性には、ある規則性があるのです。

終戦直後の一九四〇年代、政府が目指していたのは「生きていくための安全・安心な国づくり」でした。これは守りの時代といえます。戦後の混乱から立ち直る一九五〇年代は「便利で、住みやすい国づくり」、高度経済成長の真っただ中にある一九六〇年代は「活発で発展的な経済活動が可能な国づくり」です。この二〇年は守りから攻めに変わる時代です。

次の二〇年も攻めの時代です。ただし、同じ攻めでも量から質への転換が起きます。一九七〇年代は「生活にゆとりと豊かさを感じられる国づくり」、一九八〇年代は「多様な生活や経済活動に対応できる国づくり」。これらは物量がピークに達して、精神的な豊かさに視点が移ってきたことを示しています。

長らく続いた攻めの時代も、バブルの崩壊で方向転換を余儀なくされました。一九九〇年代は「環境に優しく、持続可能な国づくり」。二〇〇〇年代は「高齢者が安心して暮らせる国づくり」。低成長を前提として、いかに現状をキープするかという守りの時代にふたたび突入したのです。

国づくりの方向性には規則性がある

年代	社会要請	組み合わせ
1940	生きていくための安全・安心	量×守り
1950	便利で、住みやすい	量×攻め
1960	活発で発展的な経済活動が可能	量×攻め
1970	生活にゆとりと豊かさを感じられる	質×攻め
1980	多様な生活や経済活動に対応できる	質×攻め
1990	環境に優しく、持続可能	質×守り
2000	高齢者が安心して暮らせる	質×守り

社会要請の戦後サイクルを図にしてみると…

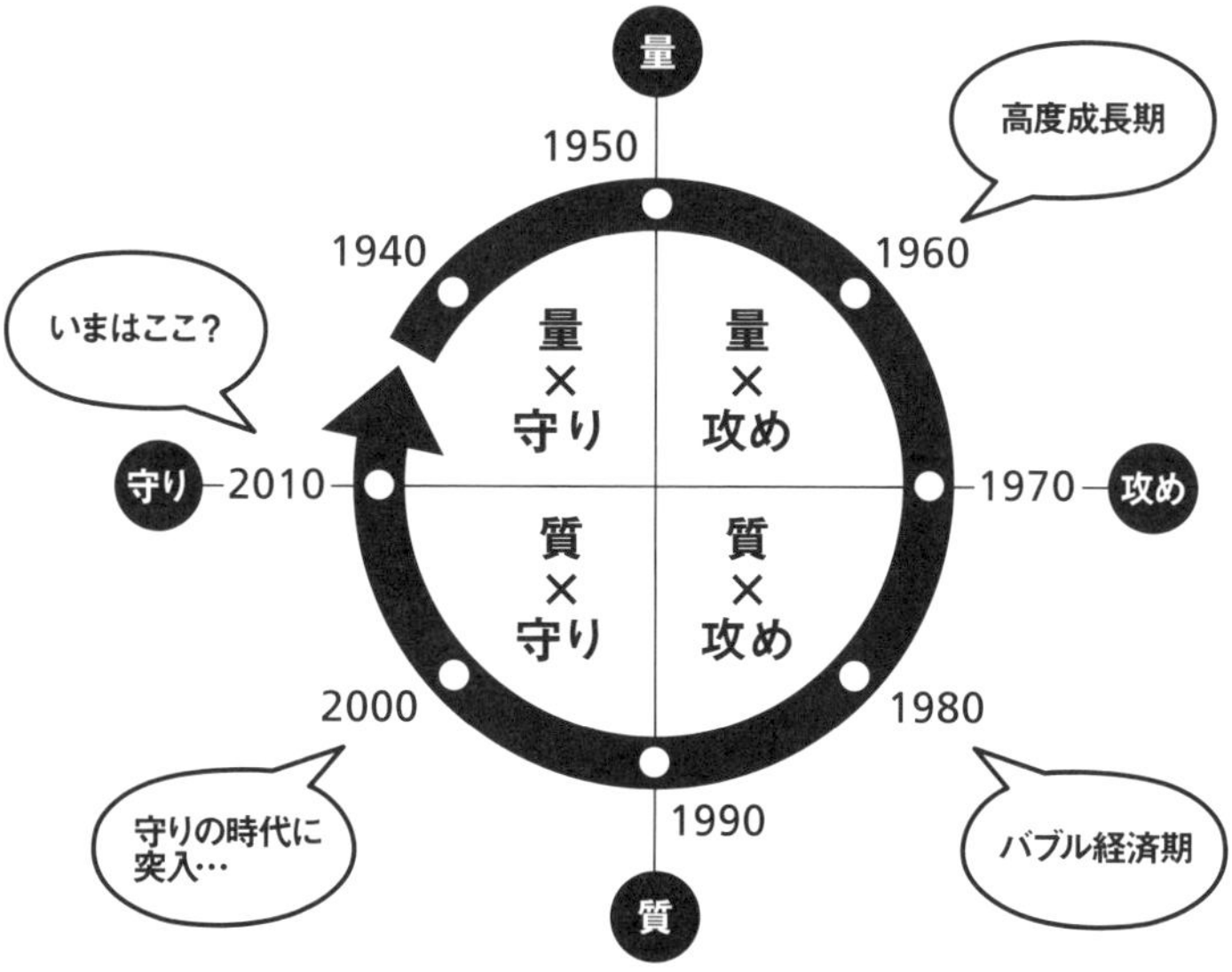

国づくりの方向性を年代ごとに整理。それぞれの年代が「量」と「質」、「攻め」と「守り」のどれにあたるかを見てみた。2010年代からまた「量」と「守り」の時代に…。

二〇一〇年代はどうでしょうか。

依然として守りの時代が続いています。しかし先の二〇年は質で社会を守っていたのに対して、現在は量で社会を守る時代にシフトしつつあります。ビジネスでいえば、新興国のメーカーに対して質で差別化を図ってきたが、いまや質のアドバンテージは小さくなり、コストや人員を削減して生き残りをかけるというところまで追い込まれています。

時代は二〇年ごとに変化していく

このように俯瞰していくと、時代は「攻めと守り」、「量と質」の組み合わせで二〇年ごとに変化していくといえそうです。「量で守る」→「量で攻める」→「質で攻める」→「質で守る」が一サイクルで八〇年です。この周期に則れば、いまは一九四〇年代と同じで、量で守る時代です。私たちは終戦直後の混乱期にも似た厳しい状況に置かれているわけです。


守りの時代になると、人々の心理の傾向も変わります。

攻めの時代は、競争が魅力的でした。じっとしているのは損で、外に出て競争したほうがより多くのものを得られたからです。攻めたほうが得な時代だと、人々は競争に勝つために向上心を持ち、自分たちの手足を縛るものを嫌い、自由を主張します。

しかし守りの時代は逆です。競争すれば失うものが大きく、何もしないほうがリスクは小さくな

過保護なシステムから脱して自分を磨く

厳しい環境	競争心を燃焼	→	自由を主張
	自立心を奮起	→	権利を要求
	向上心を加速	→	根性を鍛錬
保護された環境	安心感が必要	→	保護を主張
	指示が必要	→	自己責任の回避
	優しさが必要	→	開き直りの容認

守りか攻めか。人々の心理や魅力を感じる環境も時代で変化する。攻めの時代は競争に魅力を感じ、自立心や向上心が旺盛になる。逆に、守りの時代は保護や優しさを求める。だが、保護的な環境下に長くいると、自立心や向上心を忘れてしまう。大切なのは、守りの時代においても攻めの姿勢を忘れないことだ。

る。人々は競争より安心を求め、成長することより現状を肯定してくれる優しさを必要として、自分たちは保護されるべきだと主張します。ならば何もせずに、ふたたび時代が変わるのを待っていたほうが賢いのでしょうか。

私はそう思いません。

攻めの時代は、社会が攻めを促す一方で、潮流に乗れない人たちのために保護的なシステムがいろいろと構築されていきました。守りの時代に入ったいまは、保護的なシステムに人々が殺到していきます。ところが社会のリソースには限りがあり、いずれは弾かれる人たちも出てきます。

保護的な環境下にいると、本来は自立や成長できる人まで、自立心や向上心を忘れてしまいます。それではいざ外に出て競争せざるを得なくなったときに負けてしまいます。競争相手は、中国や韓国、ベトナムやインドといった国々です。彼らは、過去の日本がそうであったように攻めの時代の渦中にあります。自立心や向上心に欠けた人は、とても太刀打ちできません。

いま大切なのは、守りの時代においても攻めの姿勢を忘れないことです。

本当に保護が必要な人はともかく、そうでない人は過保護にならないように、自ら厳しい環境に飛び込んでいく必要があります。

強い鉄は、叩いてつくります。叩くことによって粘りが出てきて、硬くなります。

人の能力も同じです。保護的なシステムから自立して、いかに自分を鍛錬するか。そこに守りの時代を生き抜くヒントがあります。

54 得意領域でナンバーワンになる

国民的グループのヒット曲に、「ナンバーワンにならなくてもいい。もともと特別なオンリーワン」という有名な歌詞があります。私もこの曲が好きですが、それだけにメッセージが歪んで伝わっているのではないかと心配になります。

この歌詞は、「個性があるのだから、頑張らなくていい」ととらえられがちです。これはまさに守りの時代を象徴した解釈で、いまの自分を肯定して、安心や優しさを私たちに与えてくれます。

しかし、この歌に込められたメッセージは他のところにある気がします。

私の解釈では、この歌は攻めの歌です。

歌詞に込められているのは、「もともと特別だから安心しろ」ではなく、「もっと独自性を出せ」です。「人を気にするな」ではなく、「自分に自信を持て」です。「頑張らなくていい」も、本当は「努力の方向を間違えるな。人の真似をしても意味はない」です。

歌詞が伝えようとしているのは、競争からの逃避ではなくチャレンジです。

ただしみんなと同じ土俵で競うのでなく、個性を活かして戦えという知恵を教えてくれているのです。

ナンバーワンになってこそオンリーワンの価値が高まる

守りの視点		攻めの視点
自己満足		**自己変革**
頑張らなくていい	→	**人の真似をするな**
もともと特別	→	**独自性を出せ**
人は気にするな	→	**自分に自信を持て**
そのままでいい	→	**輝きを放て**

「ナンバーワンにならなくてもいい。もともと特別なオンリーワン」の歌詞を、守りの時代の視点でなく、攻めの視点で解釈すると、別のメッセージが浮かび上がってくる。

その意味で、自己肯定的な解釈とは正反対です。「いまのままでいいよ」どころか、むしろ自己変革を迫られる厳しい歌詞なのです。

オンリーワンであることの価値を高める

おそらく「ナンバーワンにならなくてもいい」の解釈にも誤解があります。たしかにすべての分野で高得点を取り、総合力でナンバーワンになる必要はありません。

しかし、自分が個性を発揮できる舞台では、やはりナンバーワンを目指さないといけない。

得意分野で埋没しているのに「自分はオンリーワンだ」と誇るのは、単なる自己満足でしかありません。自分の得意な領域でナンバーワンになってこそ、オンリーワンであることの価値が高まるのです。

55 不足を体験して知恵を身につける

ある小学校のベテランの先生に、いまの小学生と昔の小学生の違いを尋ねたことがありました。先生は、こう即答しました。

「いま子どもたちには、『不足』が不足している。そこがちょっと心配だね」

これには大きく頷かされました。

不足は、誰だって嬉しくありません。私たちは満たされるために声を発し、腰を上げ、走り回っています。そういう意味では、不足が足りないコトは歓迎すべき状態であるはずです。

それにもかかわらず、不足が不足しているコトをなぜ心配するのか。

いまの子どもたちに不足しているのは、不足そのものではなく、不足の体験から得られる苦労や努力です。さらにいうと、苦労や努力によって磨かれる耐性と知恵です。つまり、不足の状況そのものは好ましくなくても、不足体験が不足するコトによって耐性と知恵が磨かれず、不足の状況に対応できなくなるコトが怖いのです。

私の小学生だった一九六〇年代から七〇年代には、えんぴつが手で持てなくなるくらいまで短くなると、二本をテープでつなぎ合わせて使っていました。これは不足から生まれた知恵です。

一方、いまの子どもたちはえんぴつが短くなると、すぐ新しいものと交換しようとします。そうした恵まれた環境下で育った子どもは将来、不足が発生したときに状況に対応できない恐れがあります。

小学校の先生も、その点を心配していたわけです。


努力した分だけ、力がつきます。

苦労した分だけ、強くなります。

悩んだ分だけ、大きくなります。


こうした経験ができない状況は一種の不幸です。

現状に甘んじない勇気が明暗を分ける

もちろん不足が必要なのは、いまの子どもたちだけではありません。大人にとっても不足の経験は大切です。

私たちの多くは、これまで満ち足りたビジネス環境で仕事をしてきました。しかしそれゆえに努力や苦労、悩みが足りなかった。しかし、二〇一〇年代から日本は守りの時代に入り、少しずつ不足の状況になりつつあります。

それでも新興諸国に比べて恵まれているほうですが、私たちはこの事態に慌てふためいている。これまで不足が不足していたから、不足の状況に対応できないのです。

不足を経験する方法は二つです。

一つは、リソース不足のベンチャー企業などに転職すること。もう一つは、チャレンジングな目標を掲げて、リソースが不足する状況をつくること。保護された環境下でも、一〇日でやる仕事を五日でやると決めれば、努力、苦労、悩みが生まれます。

いずれにしても不足を経験するためには、現状に甘んじない勇気が必要です。意を決して、ぬるま湯から出ることができるかどうか。守りの時代においては、その決断が明暗を分けます。

56

アウトプットはつねにインプットで割る

物事の価値を測る公式をご存知でしょうか。

「Ｖａｌｕｅ（価値）＝Ｏｕｔｐｕｔ（成果）／Ｉｎｐｕｔ（リソース）」

この公式は、投入したインプットに対して得られるアウトプットが多いほど価値が高くなることを示しています。企業の利益率を示すＲＯＩ（return on investment）という指標も、この公式がベースです。利益（アウトプット）を資本（インプット）で割り、その企業の価値を測るわけです。

価値の向上を図るときは、インプットとアウトプットのバランスを考えることが大切です。片方だけに注目して、「とにかくコスト（インプット）を削減すればいい」と考えるのは愚策です。インプットを減らした以上にアウトプットも減ってしまい、「安かろう悪かろう」となって価値の低下を招く恐れがあります。

アウトプットだけに注目した場合も同じです。成果を最大化することだけに注力すると、成果の増加分以上に予算を使い、最終的に赤字になることも考えられます。

価値を生み出すにはインプットとアウトプットのバランスが必要

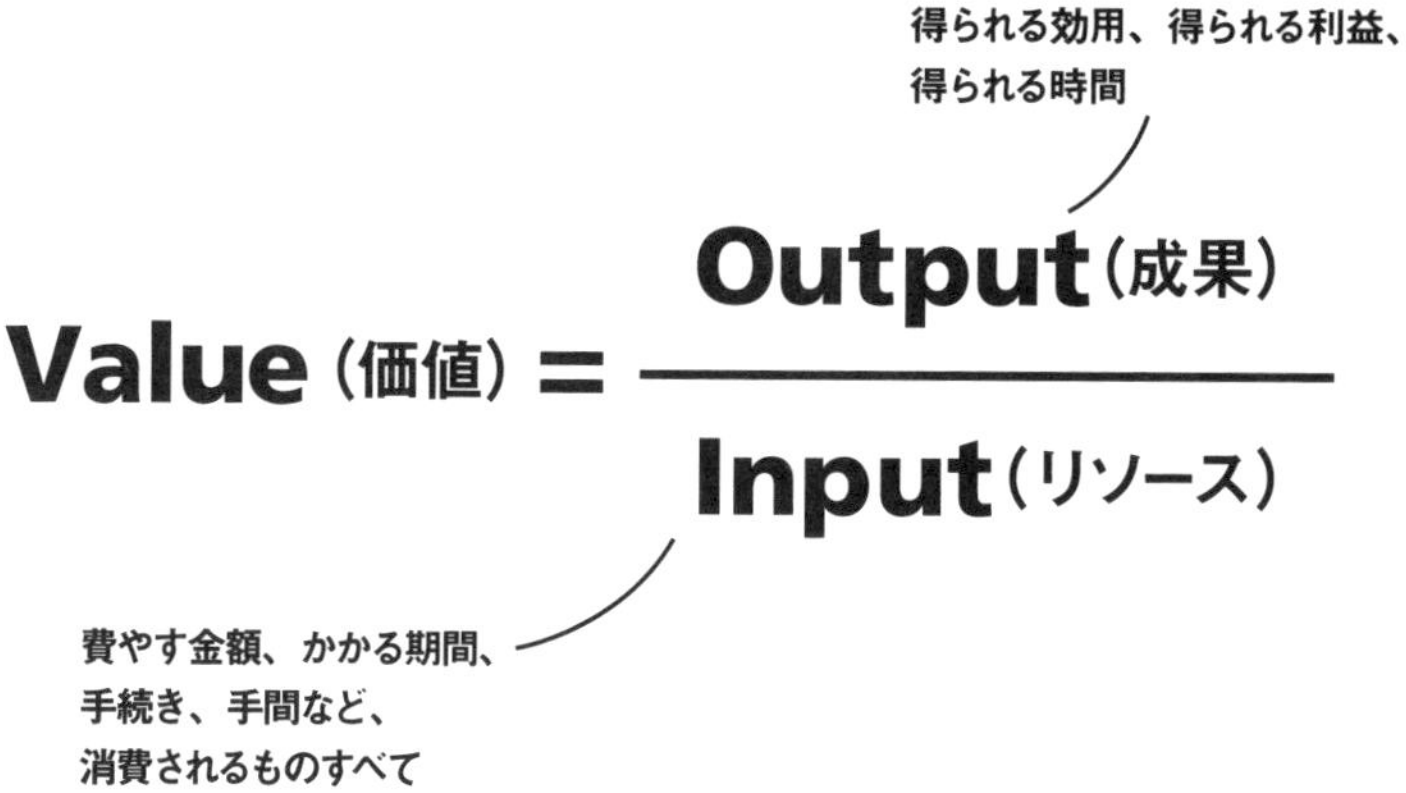

アウトプット（成果）をインプット（リソース）で割ると価値を測る公式になる。企業の利益率を示す指標ＲＯＩ（return on investment）も、この公式がベースになっている。

お金をうまく使う人は時間もうまく使う

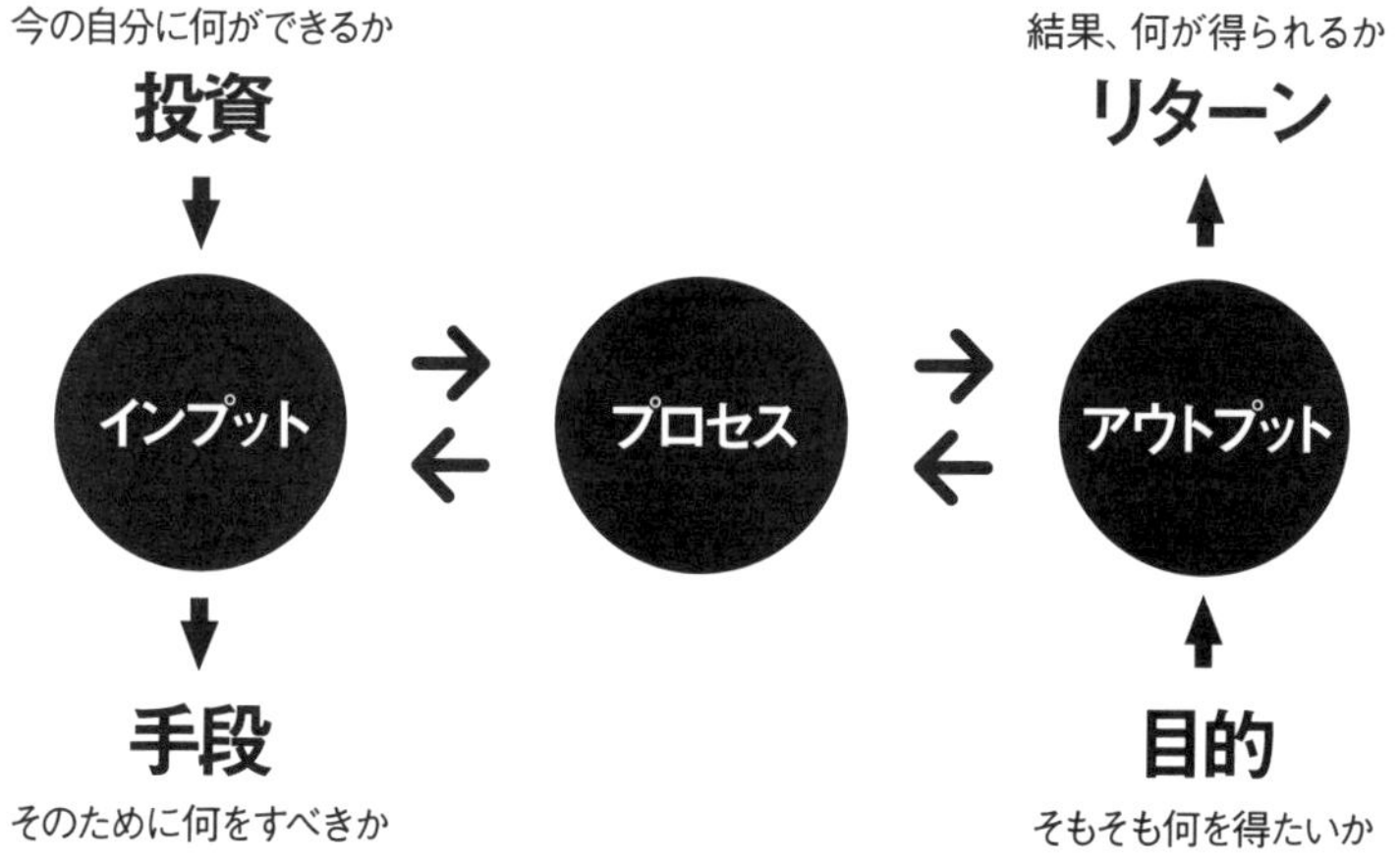

お金と時間は性質が似ている。アウトプットとインプットの関係は、企業が生み出す価値（ＲＯＩ＝利益／資本）だけでなく、個人のお金や時間の使い方にもそのままあてはまる。

価値を高めるインプットとアウトプットの組み合わせは、次の五つです。

①アウトプットを減らし、インプットをそれ以上に減らす。
②アウトプットは横ばいで、インプットを減らす。
③アウトプットを増やし、インプットを減らす。
④アウトプットを増やし、インプットは横ばい。
⑤インプットを増やして、アウトプットをそれ以上に増やす。

どのパターンで価値の向上を図るにしても、どちらか一方だけをいじるのではなく、両方のバランスを考えながらマネジメントする必要があります。

お金と時間には、決定的な違いがある

じつはこの公式のインプットやアウトプットは、お金に限りません。時間や空間、人員、手間など、成果を生み出す原料となるものすべてにあてはまります。ただ、知識や技術などの触媒となるものは入りません。使えば消費されて減っていくものに限ります。そう考えると、時間とお金は性質が近い。リソースという意味ではほぼ同じです。

お金と時間は、どちらも先の公式を適用できます。だから公式が頭に入っている人はお金を効果

的に使えるし、時間も効果的に使えます。

お金の使い方がうまい人は、休憩時間も投資的です。「この時間を休憩に充てるなら、しっかりと休んで時間の価値を高めよう」と、お金の投資効果を考えるかのように時間を取り扱います。逆にお金を有効に使えない人は、時間を消費的に使って、「スマホをいじっているうちに休憩が終わってしまった……」と後悔しかねない。この差は大きいのです。

ただし、お金と時間には決定的な違いがあります。

お金は増やせますが、時間は増やせません。お金は人に渡したり貯金することができますが、時間は人に渡したり貯めておくこともできません。お金と違って、時間は一人一日二四時間。足りなくなったからといって、人から時間をもらって自分の時間を三〇時間にすることは不可能です。

また、お金は戻せますが、時間は戻せません。

お金でモノを買った場合、モノをふたたび換金することは可能ですが、時間は一度使ったら取り戻せない。その点でも、時間はお金以上に貴重だといえます。

時間とお金の効果的な使い方はよく似ていますが、時間はお金より大切であり、ムダづかいできないということは意識しておく必要があります。

57

知識はお金で、経験は時間で買う

時間とお金の違いは他にもあります。時間を投資した場合とお金を投資した場合では、手に入るものが違うのです。

たとえば健康です。治療の場面ではお金も瞬間的に効力を発揮します。しかし継続的な健康、つまり予防には時間の投資が必要です。健康維持に欠かせない運動や睡眠を、お金で買うことは不可能です。もちろんトレーナーをつけたり、スクールに通うなどして運動の効果を高めることはできますし、良質な睡眠のために寝具に投資することは可能です。それでも、定期的に体を動かしたり、日々の睡眠を確保するためには、自分の時間を注ぎ込むしかありません。

時間でしか買えないものといえば、経験もそうです。

経験と知識はよくワンワードで語られますが、両者は区別して考える必要があります。

知識はお金で買うことができます。本を買えば知識が手に入りますし、本を読んで知識を仕入れる余裕がなければ、専門家にお金を払ってかわりに知識を発揮してもらうこともできます。

しかし経験は、自分で汗をかかないと手に入りません。お金を積んでも、人から経験を譲ってもらうことはできないし、借りることもできません。本を読んで人の経験を追体験することは可能で

経験や健康は時間を費やすことでしか蓄積できない

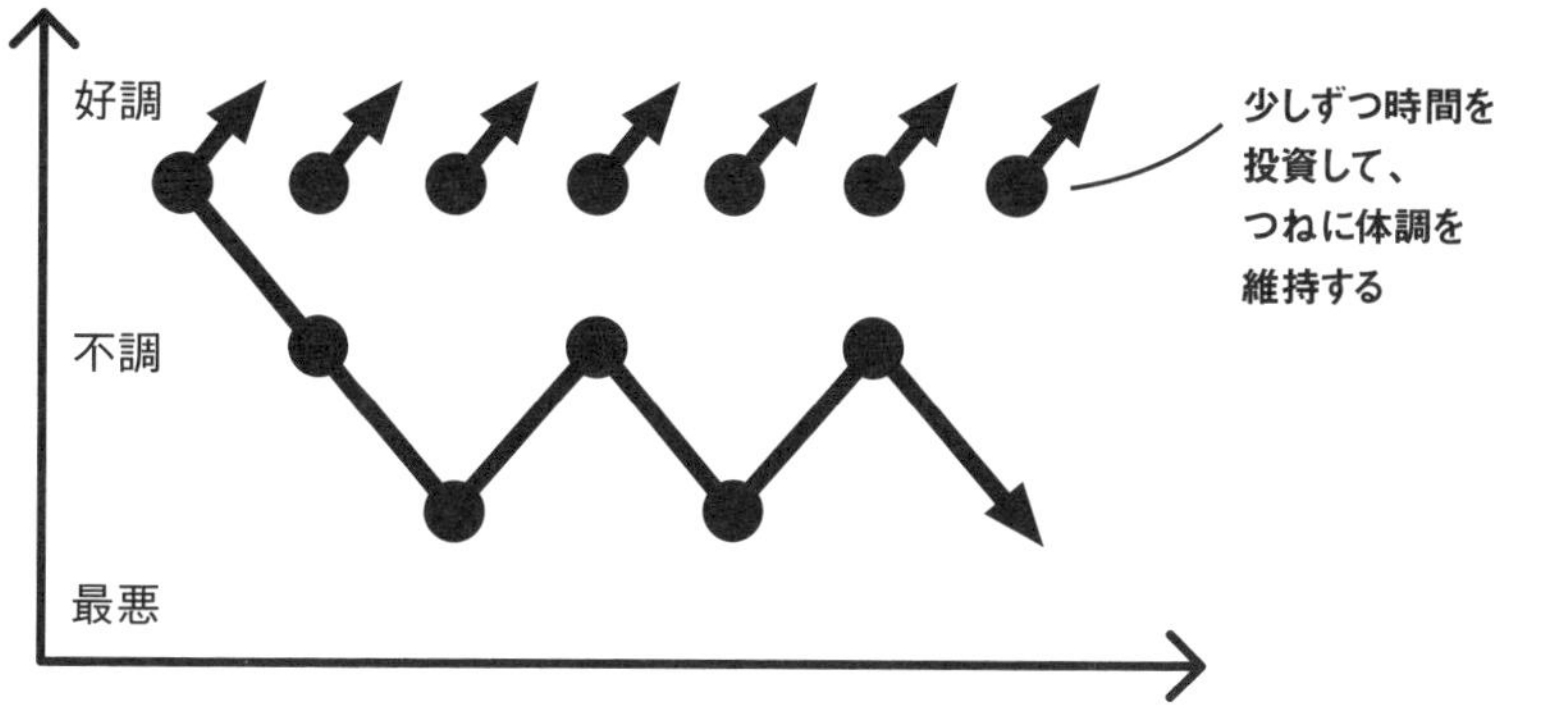

お金を投資した場合と時間を投資した場合とでは、手に入るものが違う。たとえば健康。治療が必要なほど体調が悪くなってからでなく、予防の段階でどれだけ時間をかけるか。

お金で治療するのでなく時間で予防する

原因療法	対症療法	予防医学
原因	結果	目的
根源的	一時的	予防的
過去	現在	未来
大手術	薬漬け	体質改善
短期計画	臨機措置	長期計画
集中	逐次	継続
強制的	依存的	自主的
病院	薬局	カウンセリング

目的を持って長期で、健康のために時間を投資

すが、追体験で入手しているのは経験ではなく知識です。経験は、自分の時間を費やすことでしか蓄積できないのです。

知識と経験は入手できるタイミングにも違いがあります。知識はお金で買えるので、基本的にいつでも入手可能です。しかし、経験はいま、その瞬間でしかできません。過ぎたことを経験することはできないし、未来を先取りして経験することもできないのです。経験できるタイミングは、つねにいまです。

知識と違って、経験は差別化要因になる

時間とお金を比べると時間のほうが貴重だと指摘しましたが、知識と経験においても同じことがいえます。

知識では人と差別化することが困難です。先に知識を手に入れたとしても、後発が同様にお金で買えてしまうからです。しかし、経験は十分に差別化要因になり得ます。経験は、そのときの時間を投資することでしか入手できないのだから、後発が追いつくことは原理的に不可能。先に経験を積んだほうの勝ちです。

ただし、先発組のアドバンテージは、時間を消費せずに投資的に使ってきたという条件を満たしてこそ成り立ちます。いくら経験できることが目の前にあっても、経験を積むことをせず、時間を

消費的に使っていてはムリです。

あなたが時間を投資してさえいれば、結果は失敗であってもいいのです。失敗も一つの経験であり、自分の中にストックされていきます。何も経験しない状態より、ずっと価値があります。

自分は現場に行かずに楽をして、ネット検索で知識を入手して終わり。そのようなスタイルが効率的だと考える人もいますが、それは競合相手との差別化要因を自ら放棄しているようなものです。貴重な時間を投資することでしか、差別化要因となる経験は入手できないのです。

58 創造のための環境・道具・動機を得る

そもそも知識と経験は、何のために必要なのでしょうか。

知識と経験は、創造のもとになります。創造といっても、無から有は生まれません。創造は知識と経験が化学反応を起こした結果として生まれてきます。

ただし、知識と経験という二つの材料だけでは化学反応が起きません。まず創造が起きやすい環境と道具・技術が整い、そこに触媒となる動機が加わってこそ、知識と経験が融合してスパークします。

環境（Circumstances）と道具・技術（Skills）、動機（Motivation）がそろって創造性が発揮されることを、それぞれの頭文字をとってCSM理論と私は呼んでいます。武道の世界でいう「心技体」と同じです。

心が動機、技が道具・技術、体が環境。武道では心技体がそろって一流になりますが、創造性も環境、道具・技術、動機がそろってこそ発揮されます。

三つがそろう過程も同じです。武道では、まず基礎体力をつけます。体力を鍛えなければ技の鍛錬もできないからです。技を身につけると、それを扱う心構えもできてきます。環境、道具・技術、

創造性が発揮されるには条件がある

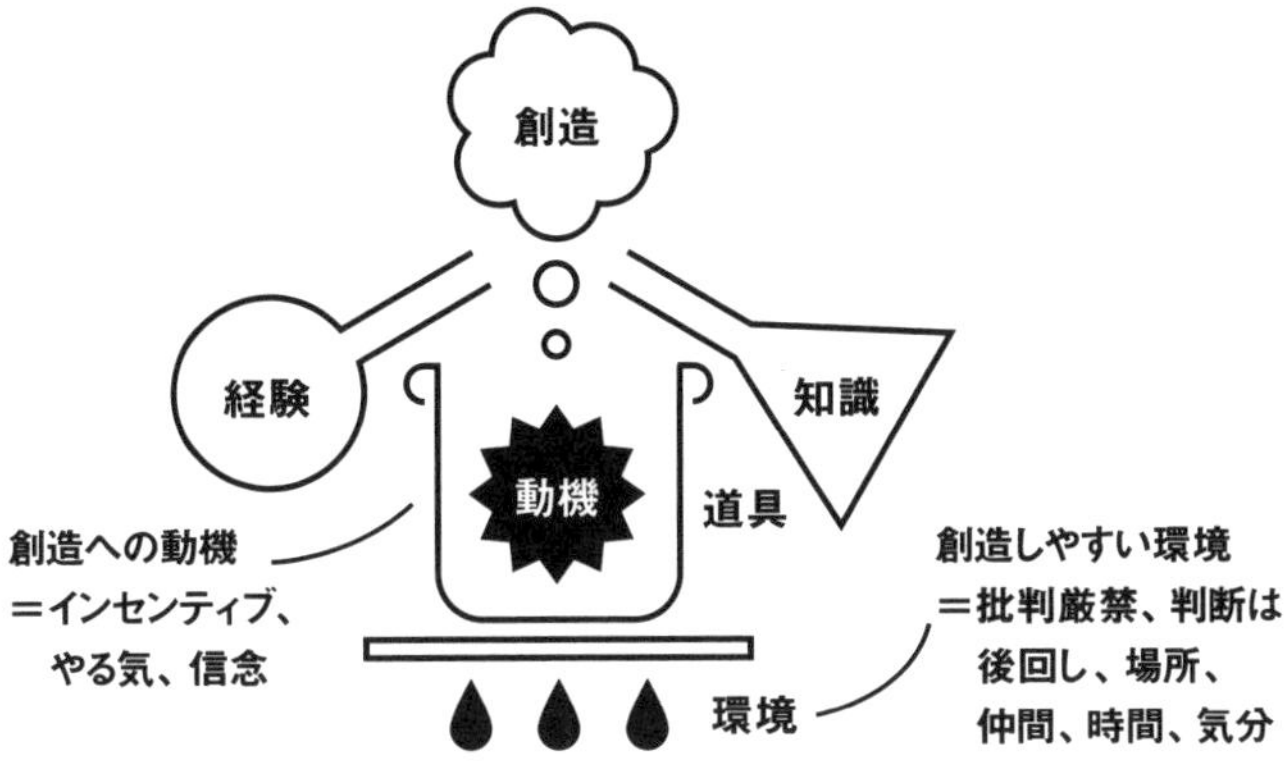

創造には知識と経験という材料が必要。だが、材料だけでは何も生まれない。環境と道具・技術が整い、そこに動機が加わってはじめて、知識と経験の化学反応が起きる。

環境、道具・技術、動機は武道でいう心技体

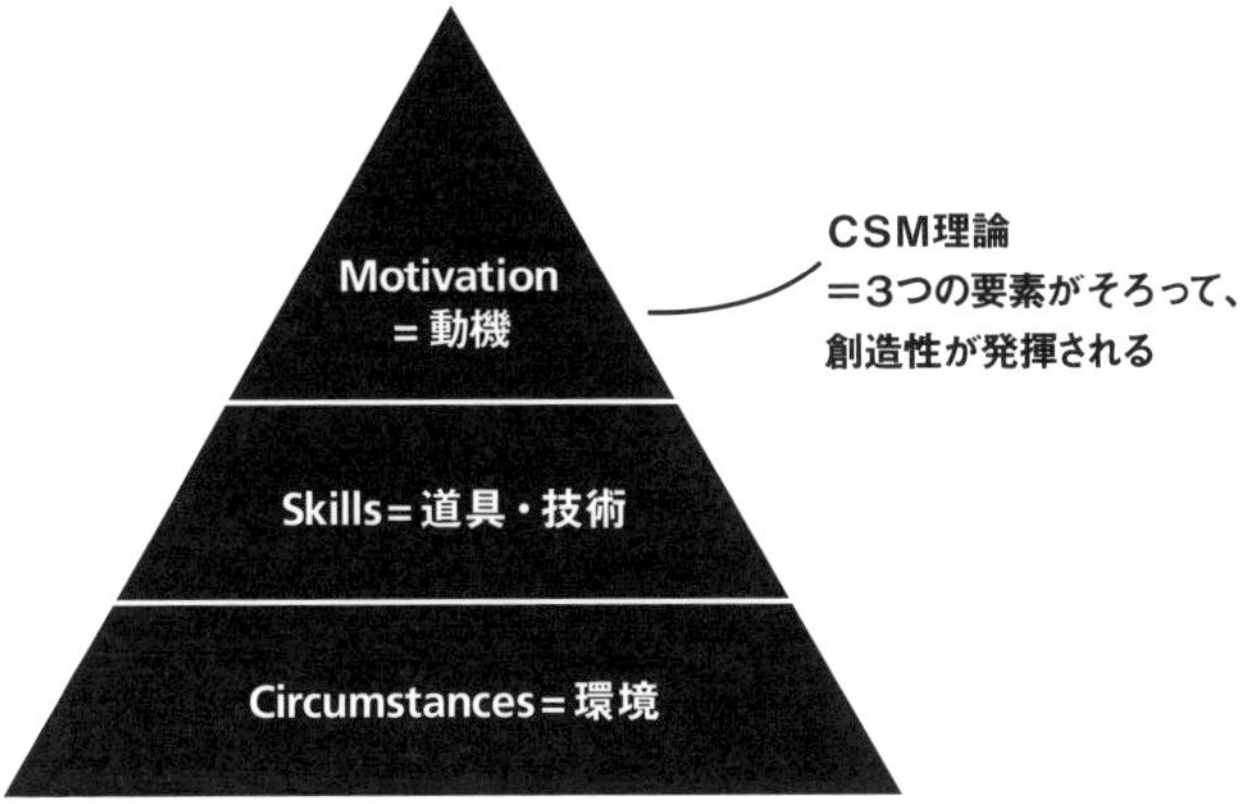

C、S、Mの３つの要素がそろう過程も、武道の世界でいう、「心技体」と同じ。まず基礎体力＝環境を整え、次にワザ＝道具・技術がそろい、最後に心構え＝動機が整う。

動機も同じで、まず環境が整うことでスキルも身につき、スキルが身につくことでモチベーションが生まれます。

社員が知識や経験を持っているのに創造性が発揮されていない組織は、環境、道具・技術、動機のうちのどこかが手薄になっている可能性が高いのです。それを把握して改善することが組織の役割の一つです。

最初に整える必要があるのは、創造しやすい環境です。

創造しやすい環境は、自由奔放であることが基本です。批判厳禁で、判断は後回しです。会議でいうとブレーンストーミングです。また一人よりも仲間がいたほうが創造性は発揮されやすい。創造に適した場所や時間、気分も欲しい。たまには社内の会議室ではなく、いつもと違うところで会議をするのもいいでしょう。

CSMは、知的生産のためのインフラ

環境が整えば、道具・技術が必要です。創造の技術とは、発想の技術、柔軟に物事を考える技術、想像する技術です。これらの技術を部下たちが自発的に身につけていけば理想的ですが、現実的にはそうでないことが少なくありません。組織としてそれぞれの技術を社員に教え、トレーニングしていくことが求められます。

創造する動機にも気を配る必要があります。

創造とは、それ自体がワクワクするものです。ただ、自発的なサイクルに持っていくために、何らかのインセンティブを用意して外から動機づけをしてあげることも大切です。インセンティブは金銭的な報酬でなくてもいいのです。創造的な良い仕事をした部下を周囲の人にわかるように評価したり、より創造性が求められる仕事を任せるなど、さまざまな工夫ができるでしょう。

こうして環境、道具・技術、動機がそろうと、各々が持つ知識と経験が化学反応を起こして、創造性が発揮されていきます。環境、道具・技術、動機は、いわば知的生産をするためのインフラです。知識と経験だけがあってもインフラが整っていなければ宝の持ち腐れになるし、逆にインフラだけがあっても知識と経験がなければ創造は生まれません。

知識、経験。そして環境、道具・技術、動機。これらがすべてかみ合ったときに、まわりが驚くような創造性の高い仕事につながるのです。

59

セレンディピティを起こす

時間と経験の話に戻りましょう。経験は、いましかできません。過ぎ去ったことを経験することは不可能なので、躊躇せずに行動を起こし、できるだけ経験を増やすことが大切です。

行動量を増やせば、偶然に何かを発見して創造を生み出すケースも増えます。意図していなかったものと出会い、そこからひらめきを得る力のことをセレンディピティといいますが、セレンディピティは行動量と密接な関係にあるといえます。

ただし、同じように時間を投資して経験を蓄積していっても、偶然の出会いを多く経験する人とそうでない人がいます。その違いはどこにあるのでしょうか。

セレンディピティには五つのプロセスがあります。最初のプロセスは「意識」です。私が得意としてきた言い方ではファンクション（目的、役割、機能、効用）ですが、問題意識といったほうが伝わるでしょうか。

次は「行動」です。行動には時間の投資が必要であることは、すでに指摘したとおりです。

三つ目は「察知」です。行動すれば外部刺激を受け、知覚情報を得ることができます。最初のプロセスでインストールされている意識が、入力された知覚情報に反応して、「ここには何かがある」

という信号を発します。それが察知のプロセスです。

察知の次は「想像」です。察知した何かの信号は、もしかしたら何か大きな意味を持つのかもしれないと想像するわけです。その結果、「この偶然の出会いは価値がある」とはじめて気づく。それが最後の「発見」のプロセスです。

頭の中を開放した状態で行動する

最初の入り方を間違えなければ、セレンディピティはいたるところで起きます。先日、ある整体の先生に施術をしてもらったときのことです。先生は体が硬くなる仕組みについて、こう説明してくれました。

「背骨は小さな骨が縦にたくさん重なってできています。骨と骨の間は、ほんの少ししか角度を変えることができません。しかし、体を曲げるときは、その一つ一つが同じように角度を変えるから曲げることができるのです。もし一部の骨の活躍に依存し、他の部分がサボっていると柔軟に曲がりません。無理に曲げると痛めます。だから同じ姿勢を続けていると、使っていない部分がますます動かなくなり体がさらに硬くなるのです」

これを聞いて私が思い浮かべたのは、硬直化する会社組織でした。組織は小さな個人の集まりです。しかし全員が適度に働くのでなく、ほとんどの組織は一部の人たちの活躍によって支えられています。それゆえ体が硬くなるときと同じように組織も硬直化していき、柔軟な動きができなくなるのです。

このアナロジーを思いついたのは、最初に「組織はどうあるべきか」という意識が私の中にあったからです。その意識があったからこそ、私が整体に行くという行動によって先生の言葉と出会い、何かを察知し、想像をめぐらせ、「背骨と会社組織は同じじゃないか」と発見したわけです。

そう考えると、何より大切なのは意識です。時間を投資して行動量を増やしているのにセレンディピティが起きない人は、最初に意識のアンテナを張っていない可能性が高い。意識があってこその行動です。

意識するといっても、獲物を狙う目で出会いを探すわけではありません。むしろ意識しすぎて脳が緊張状態になると、知覚情報をうまく受け止められない可能性があります。

何かに対して問題意識を抱いたら、それについてはいったん忘れてもかまいません。セレンディピティのためには、いっけんどうでもいい情報を受け止められるだけの余裕を脳につくったほうがいいのです。大切なのは緊張より緩和です。頭の中を開放した状態で行動したほうが、ひらめきを得られます。

第8章 未来のつくり方を考える

60

プロアクティブに長期計画を立てる

企業の経営者と話していて驚かされることがあります。きちんと前を向いて経営している経営者が意外に少ないのです。

もちろん先のことを心配しない経営者はいません。「来月の資金繰りは大丈夫か」、「来年の売上はどうなるだろう」と、頭の中は将来のことでいっぱいになっています。将来のリスクをつぶしチャンスをものにするために、経営者は企業を取り巻く経営環境の変化に気を配り、積極的に最新の情報を入手します。

こうした姿勢は、いっけん前向きに見えます。しかし私から見ると、これは前向きではない。たんに現状に敏感に対応しているだけです。

将来を見据えて行動するのは「プロアクティブ」ですが、現状に対応するのは「リアクティブ」です。経営者に求められるのは、プロアクティブな経営です。しかし実際はリアクティブに終始して、その姿勢をプロアクティブだと勘違いしているケースが多いのです。

リアクティブな経営は、組織を混迷に陥れます。川に転がった石の上をジャンプしながら向こう岸に渡るとしましょう。ジャンプするたびに現状を分析して、もっとも近い石に飛び移り、また次

事業の管理でなく、経営方針の策定こそ経営者の仕事

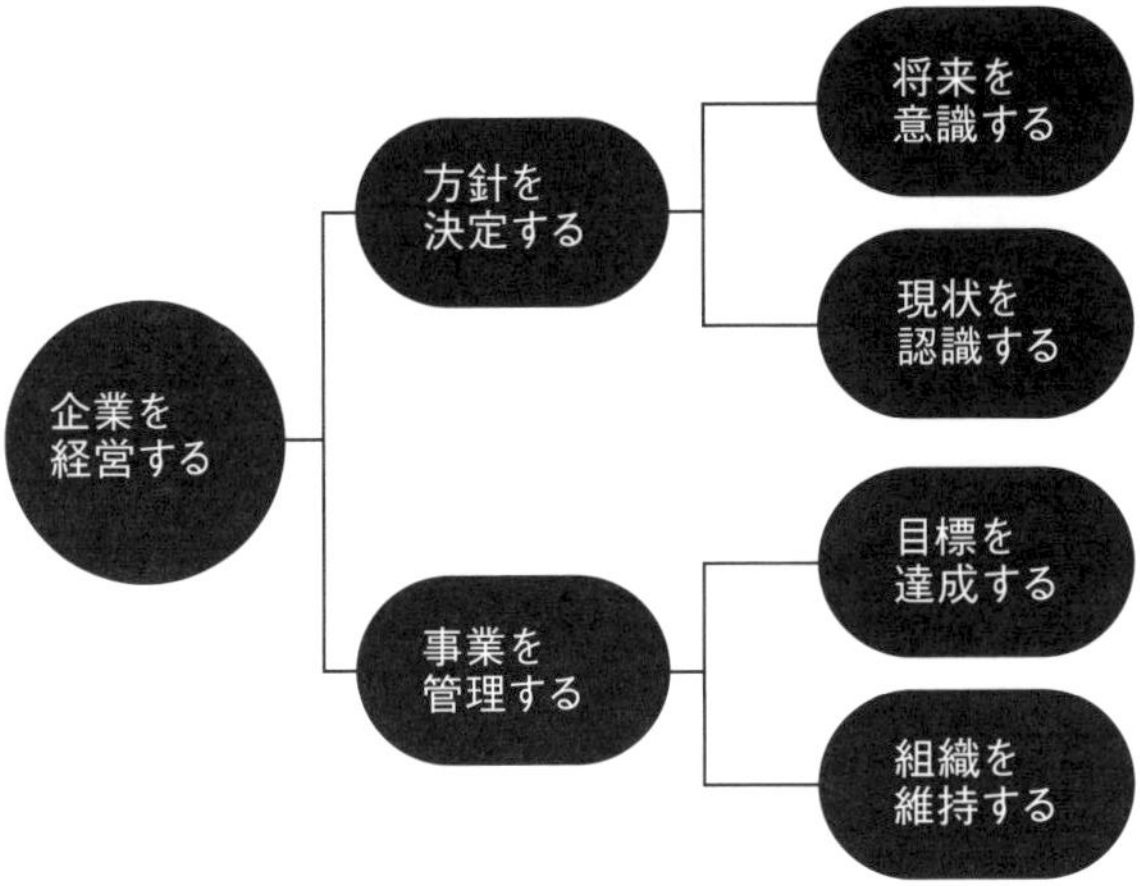

経営の仕事で重要なのは、方針を決定すること。方針の決定は経営者にしかできない。その意味で、経営方針を具体的プランに落とし込んだ長期計画に社員の合意は不要だ。

の石を探すのが、リアクティブな経営です。場面ごとに最適な解を選んでいるように見えますが、現状最適に過ぎません。ジャンプを続けるうちに方向が狂って、向こう岸から離れていく可能性もあります。私はこれを「飛び石の法則」と呼んでいます。

経営に必要なのは、将来最適です。向こう岸に渡るためには、途中で遠くにある石に飛び移る必要があるかもしれません。リアクティブな経営に対し、プロアクティブな経営では、それでも勇気を持ってジャンプします。それが川を渡るのにもっとも近いルートだと知っているからです。

また、リアクティブな経営は場当たり的で、社員は常に不安を抱えています。不安が蔓延した組織では、各々が勝手な方向を向いてバラバラになります。臨機応変に変化対応したくても、組織の力を結集するのにその都度、調整が必要になりま

す。その結果、余計な経営リソースや感情エネルギーが奪われます。

一方、プロアクティブな経営は組織にまとまりを与えます。リアクティブが場当たり的であるのに対して、プロアクティブは計画的です。先が容易に見えない時代だからこそ、計画が羅針盤になって企業活動に方向性を与え、組織に安定をもたらすのです。

経営者の仕事の半分は、長期計画の策定にある

具体的にいうと、経営には長期計画が必要です。経営における長期計画とは一〇年、二〇年の計画です。一〇年先などわからないというのが経営者の本音かもしれません。しかし先行きが不透明だからこそ、長期計画が意味を持ちます。たとえ将来が不確かでも、長期計画で道筋を示すことによって社員は迷わずにベクトルを合わせることができます。

極端な見方をすると、経営者の仕事の半分は長期計画の策定にあるといってもいいでしょう。


企業の経営は、《方針を決定する》と《事業を管理する》という二つの手段によって成り立っています。なかには「経営とは管理すること」という人もいますが、それは経営の片面しか見ていない発言です。おそらく「経営＝マネジメント」、「管理＝マネジメント」という用語の混乱によって「経営＝管理」という発想に至ったのだろうと推測しますが、経営と管理は同一ではない。あくまでも管理は経営の一部です。

経営において重要な位置を占めているのは、むしろ方針の決定です。管理は人に任せることができても、方針の決定は任せられません。経営方針は経営者が責任と覚悟を持って決定しなくてはならず、その重みは管理業務以上です。

長期計画は経営方針を具体的なプランに落とし込んだものなので、計画の骨格は経営者が責任を持ってつくる必要があります。

「計画は経営企画室のメンバーに任せてある」という話を聞くこともありますが、それは経営者の職務放棄です。経営者が自ら先頭に立って策定するからこそ、社員は経営者の覚悟を感じ、ベクトルを合わせる気持ちになるのです。

61

感性で決め、知性で測り、理性で示す

長期計画の策定には、三つの「性」が必要です。未来を見通す「感性」と、過去を認識する「知性」、そしていま取るべき方針を示す「理性」です。

長期計画を立てるときの基本的なプロセスはこうです。感性で未来を思い描いて進むべき方向を定め、知性で認識した過去の情報を用いて方針を検証して、理性で具体化して指し示す。感性と知性、理性のどれが欠けても、適切な計画になりません。

なかでも重要なのは感性です。感性が乏しいと、人は知性に頼ります。しかし知性では不確定要素の多い未来を思い描くことができません。知性はあくまでも、感性で決めたことがぶれていないかどうかを測定、検証、補正するためのものです。感性のかわりにはなりません。

理性も同様です。長期計画を感覚的な言葉で表現してもまわりには理解されず、組織を同じ方向に導いていくことができません。理性の役目は、感性で導いた方向を周囲にわかりやすく伝えること。理性では未来を思い描くことはできません。やはり頼りになるのは感性です。

知性と理性で立てた計画は、未来を思い描いて方向を定めるというプロセスを欠いています。最重要のプロセスを欠いた計画は、たとえ見かけが良くても頓挫します。計画を絵に描いた餅で終わ

経営計画の策定には、3つの「性」が必要

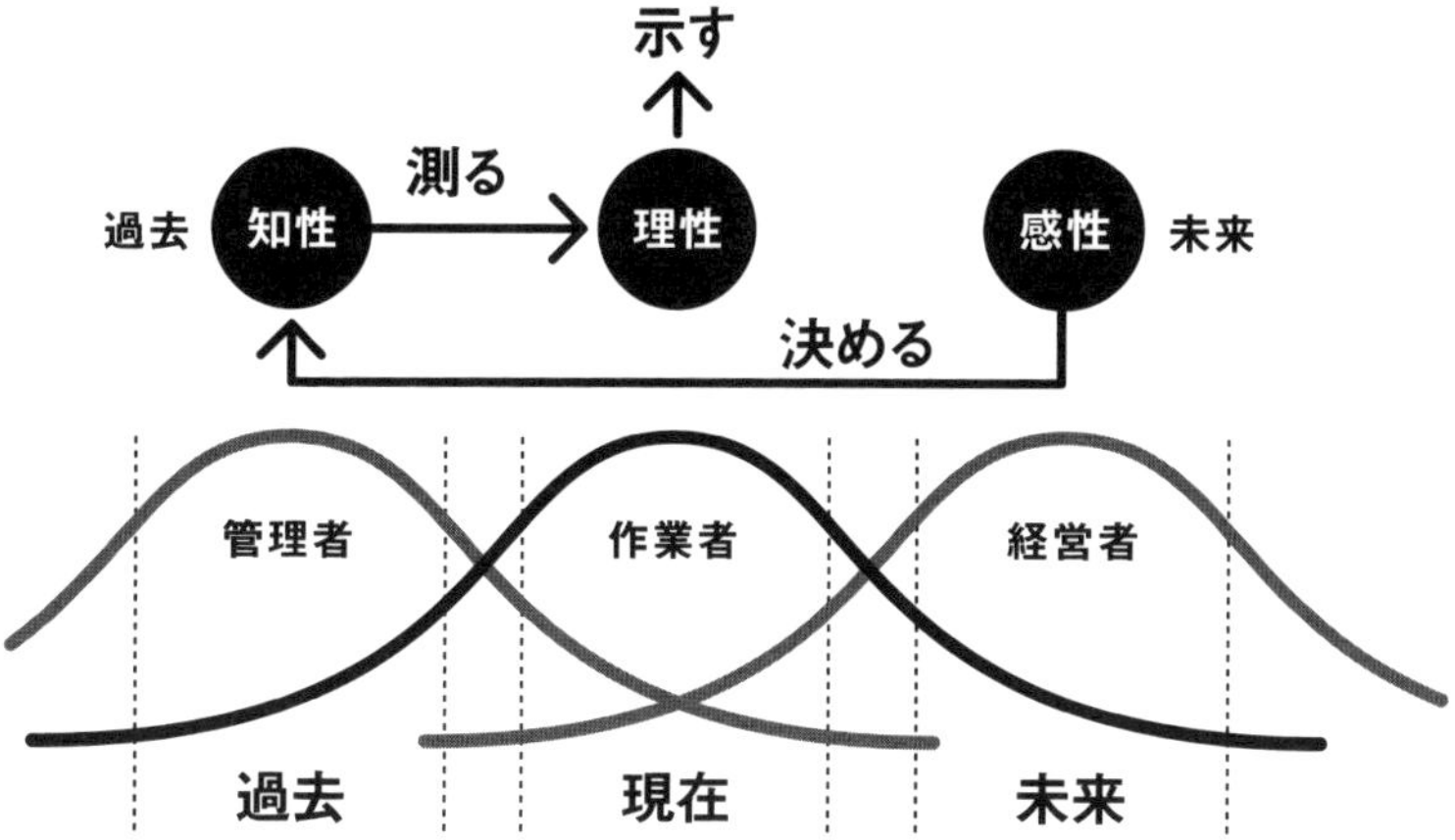

過去を分析するのは管理者の仕事、現在進行形で計画を前に進めるのは作業者の仕事、長期計画の策定は経営者の仕事。そのため経営者には未来をみる感性が求められる。

らせないためには、三つの「性」の中でも感性を重視して計画を立てる必要があります。

ビジョンを描いてこそ経営者たりえる

前項で、経営者自らが長期計画の策定にかかわる重要性を指摘しました。長期計画の策定には未来を思い描く感性が必要であり、経営者にはそれを発揮する責任があるからです。

未来を見るのは経営者の仕事、過去を分析するのは管理者の仕事、現在進行形で計画を前に進めるのは作業者の仕事です。

経営者が過去の分析で満足していたり、手足を動かすことだけで充足していてはいけません。むしろ過去や現在は、他の人に任せておけばいい。未来のビジョンを思い描いてこそ、経営者たりえるのです。

62

積み重ねた時間の分、未来を見る

長期計画には、感性で未来を思い描くことが大切です。ただ、人が思い描ける未来には限界があります。たとえば就職活動中の学生に、「三〇年後のビジネスを想像しろ」と質問するのは無謀です。学生は当てずっぽうで、適当な未来像を答えるかもしれません。しかしそれは自分で思い描いたものではなく、誰かのアイデアの借り物に過ぎません。これは学生に非があるのではない。質問したほうが悪いのです。

人は、自分が積み重ねてきた時間の分しか、未来を感じることができません。社会人になって一年経てば、もう一年先まで未来を描くことができます。五年経てば五年先、一〇年経てば一〇年先です。まだ何も積み上げていない学生に、未来のことを質問するほうがおかしい。

積み重ねてきた経験と思い描ける未来の範囲が比例するのは、未来を感じ取る感性が経験によって培われるものだからです。

知性は知識によって厚みを増していきます。理性は訓練によって鍛えられます。では、感性は何によって磨かれるのか。感性を磨くのは経験です。経験を積み重ねてコトバにならない経験知を集積していくことで、感性は鋭さを増し、より遠い未来を思い描くことができるようになります。

積み重ねた経験と、思い描ける未来の範囲は比例する

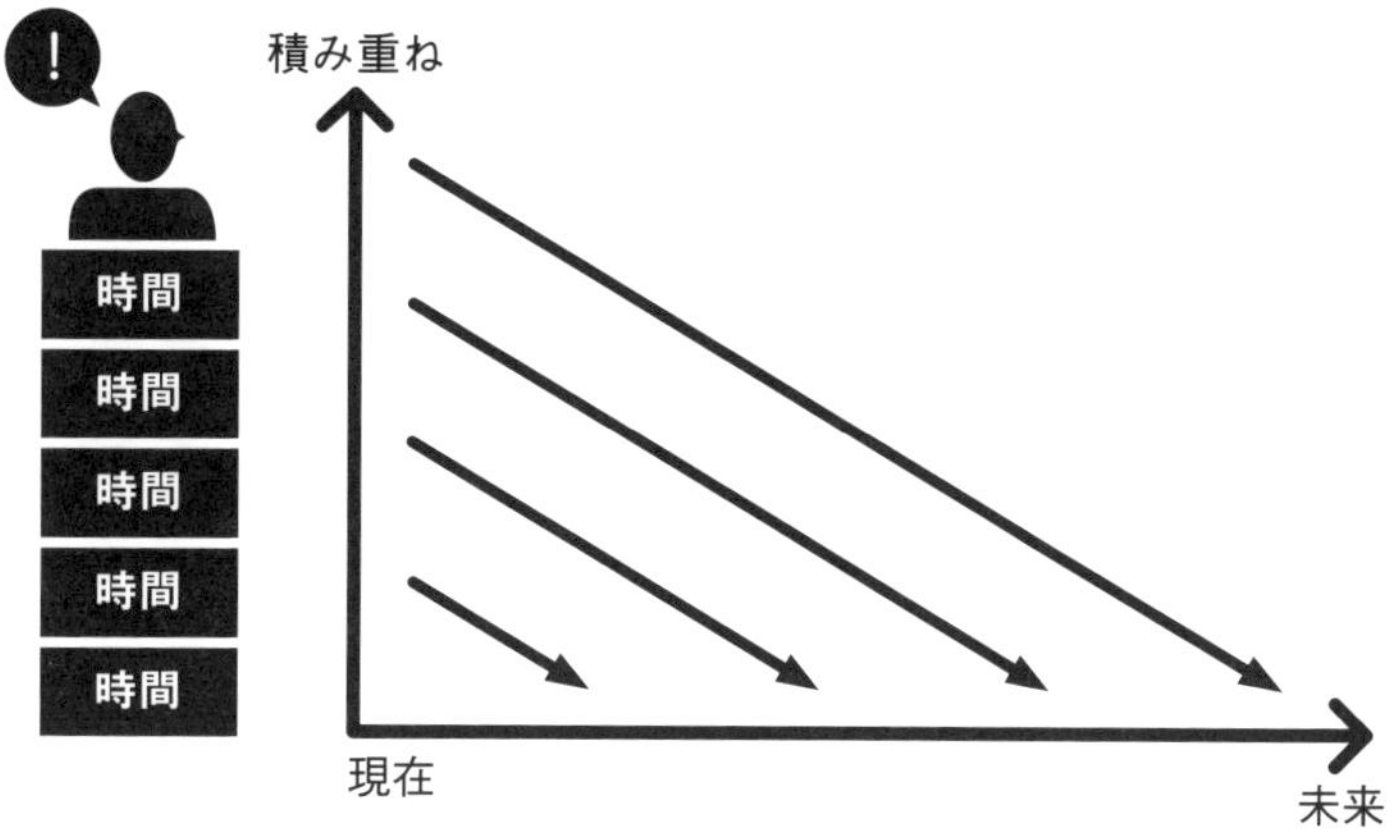

知性は知識によって厚みを増し、理性は訓練によって鍛えられ、感性は経験によって磨かれる。経験知や暗黙知を集積することによって、未来を感じ取る感性は培われる。

経験は期間だけでなく、濃度も大切です。経験と感性が比例するといっても、時間を漫然と使っている人は経験の中身が薄く、経験年数に比して感性が磨かれません。経営者としてそれなりのキャリアを積んできたのにリアクティブな経営をするタイプは、これにあたります。時間を消費的に使ってきたために経験知に乏しく、未来を思い描きたくても描けないのです。

逆にキャリアがそこまで長くなくても、濃い時間の積み重ね方をしてきた人は、経験年数以上に感性が鋭く、一〇年、二〇年先を見据えた長期計画を策定できます。

漫然と時間を過ごしてきた人に、未来の姿は思い描けません。感性を磨きたければ、いまこのときを大切にして生きるしかない。真剣に生きた時間の積み重ねが感性を高め、より先を見据えた長期計画へつながっていくのです。

63

人生周期表で決断のタイミングを計る

長期計画を立てるときは、人生の周期表をつくることをおすすめします。

人生にはいくつかのサイクルがあります。サイクルは階層に分かれています。人生を海にたとえるなら、表面的には引いては押し寄せる波があり、その下には海流があり、もっと深いところでは地球規模の大きなうねりがあるイメージです。

ビジネスの最前線に立つ私たちは、表面の波風に気を取られがちです。しかし、波風に対応するのは現状最適。長期計画に必要なのは将来最適であり、将来最適を考えるためには深層のうねりに注目する必要があります。

自分の人生の大きなうねりを知る方法は、それほど難しくありません。年表をつくって、そこに自分の人生に起きたこと、まわりの人に起きたこと、さらに時代の特徴的な出来事をプロットしていくだけです。年表に書き込むのは、外形的な出来事に限りません。自分が心理的に大きく変化したと感じたら、その変化についてもプロットします。

年表にプロットしたものを眺めていると、自分が一定のサイクルで大きな決断をしていたり、人生を左右する環境変化を体験していることが浮かび上がってきます。

人生のサイクルにも表層の波と深層のうねりがある

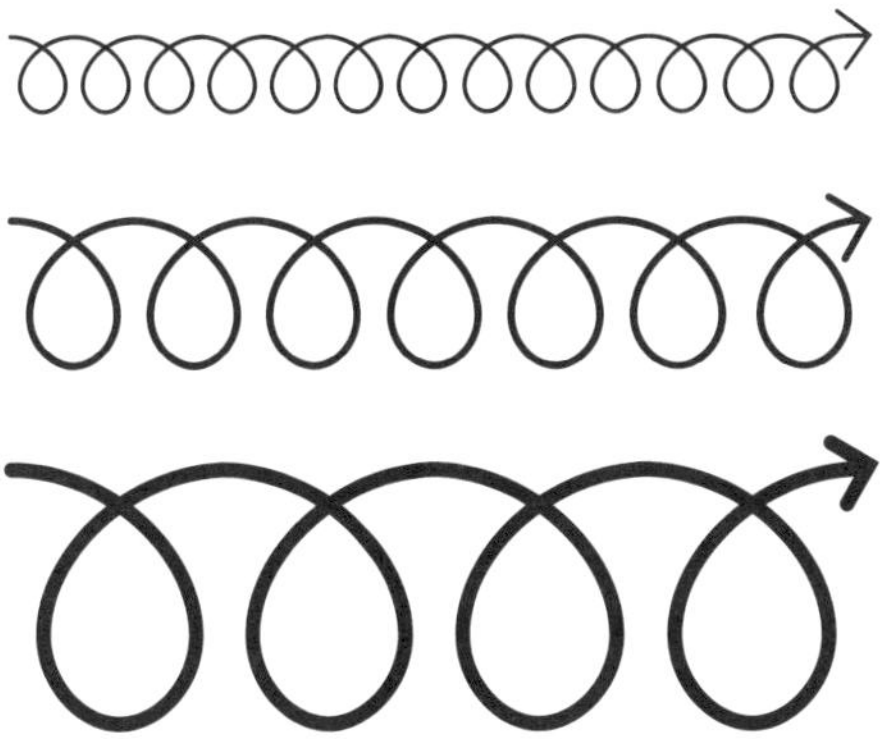

人生も海と同じ。表面的には引いて押し寄せる波があり、その下には海流がある。さらにもっと深いところには地球規模の大きなうねり、つまり時代の潮流がある。

サイクルは人によって異なりますが、私の場合は九年周期。周期表をつくるまで気づきませんでしたが、九年ごとに人生のテーマが変わっていたのです。

最初に自分の内面に大きな変化が起きたのは一二歳のころです。それまで意識していませんでしたが、中学進学を機に、自分の興味の対象が理系であることに気づき、高校では理系のコースに進みました。九年後の二一歳では、仕事について意識し始め、いずれエンジニアになりたいと考えるようになりました。実際に就職したのは、設計エンジニアを数多く抱える建設コンサルティング会社でした。

次の大きな波がやってきたのは三〇歳です。個別の設計より、国づくりという仕事に取り組みたいという思いが強くなり、いろいろと模索した結果、三三歳で会社に異動を直談判して上京しました。三九歳のときには自分を改善士と位置づけ、バリュー・エンジニアリングを世に広めることで社会貢献することを決意します。その具体策として、四二歳のときに社内ベンチャーで専任組織を立ち上げ、四四歳で初の著書を上梓しました。

自分の人生を振り返ったとき、一二歳で「理系」、二一歳で「設計」、三〇歳で「国士」、三九歳で「改善」に、九年ごとにテーマを変えてチャレンジしてきたことが浮かび上がってきたわけです。

人生のうねりを把握すれば、プランニングもやりやすくなる

平均寿命を考慮すると、人生は八〇～九〇年。一周期が九年なら、人生は九～一〇周期です。私は現在四八歳で、すでに五つの周期を終えたところです。何か大きなことに挑戦するチャンスは、あと四回か五回しかないことになります。そう考えると、余計なことをする余裕はない。次のテーマ選びも真剣になります。

こうして自分の人生のうねりを把握すれば、長期のプランニングもやりやすくなります。私は九年周期でしたが、周期表をつくった結果、一周期が一二年と長かったり、逆に七年と短い人もいるでしょう。うねりの長さは人それぞれです。

いずれにしても自分の周期が把握できれば、次の節目までの残り時間がわかり、いまやるべきことも見えてきます。その意味で周期表は、リアクティブな対応を避けるための道具といってもいい。

人生の長期計画を立てる前に、周期表をつくってみる

		成長				成熟				成果	
		庇護		仲間		独歩		貢献		感謝	
		自由	自我	自覚	自立	自制	自愛	自尊	自適	自在	自然
横田尚哉の場合…			理系	設計	国土	改善					
静的	改善	3歳	12歳	21歳	30歳	39歳	48歳	57歳	66歳	75歳	84歳
静的	改善	4歳	13歳	22歳	31歳	40歳	49歳	58歳	67歳	76歳	85歳
静的	計画	5歳	14歳	23歳 就職	32歳	41歳	50歳	59歳	68歳	77歳	86歳
静的	計画	6歳	15歳 進路	24歳	33歳 上京	42歳 起業	51歳	60歳	69歳	78歳	87歳
動的	実行	7歳	16歳	25歳	34歳	43歳	52歳	61歳	70歳	79歳	88歳
動的	実行	8歳	17歳	26歳	35歳	44歳 著者	53歳	62歳	71歳	80歳	89歳
動的	実行	9歳	18歳	27歳	36歳	45歳	54歳	63歳	72歳	81歳	90歳
動的	評価	10歳	19歳	28歳	37歳	46歳	55歳	64歳	73歳	82歳	91歳
動的	評価	11歳	20歳	29歳	38歳	47歳	56歳	65歳	74歳	83歳	92歳

人生の大きなうねりを知るには、年表をつくって、自分の人生に起きたこと、周囲や時代の出来事、自分自身の心理的な変化を書き込んでみる。それにより自分の決断のサイクルや変化が浮かび上がる。9年に限らず、7年周期や12年周期で試してもいい。

人生全体を俯瞰できているからこそ、プロアクティブに次の一歩を決められます。

転職や独立など自分の身の振り方について迷っているなら、周期表の節目を利用するのもいいでしょう。私の九年周期は前後半に分かれ、前半に内面の変化が起きて具体化への模索を続け、後半で行動が本格化するというパターンでした。上京や社内ベンチャーでの起業は、このパターンに合わせて意図的に起こした行動です。おそらく周期表がなければ、「いずれは上京したい」、「そのうち起業しよう」という思いを抱えたままタイミングを逸していた可能性が大です。

自分の周期を知ることで、人生の長期計画は具体性を帯びてきます。長期計画をどう立てていいのかわからないという人は、まず人生を棚卸しして自分のサイクルを把握することから始めてはいかがでしょうか。

64 目標はゼロベース思考で設定する

目標を定めるとき、みなさんは過去の延長線上で考えていないでしょうか。「去年は一〇〇で、今年は一一〇だったから、来年はきっと一二〇だろう」

こうした目標設定のやり方は、目標の達成を阻害する要因になります。

過去からのトレンドに沿って目標を設定すると、意識は過去に残ります。過去の起点と現時点が輪ゴムによって結ばれて、過去から離れて目標に近づくほど引き戻す力が強くなるイメージです。目標設定において大切なのは、トレンド思考ではなくゼロベース思考です。過去を捨てて、未来だけを見て目標を立てるのです。

ゼロベース思考で目標設定すると、目標地点と現時点が輪ゴムでつながります。過去に引き戻す力は作用しません。むしろ目標地点への道筋から外れる行動をしたら、目標地点のほうに引っ張る力が働きます。

トレンド思考とゼロベース思考の目標設定は、原点の置き方に違いがあるともいえます。トレンド思考の原点は過去にあり、現時点はつねにプラスの状態です。プラスは安心を生みますが、満ち足りているので工夫や努力が生まれにくい。一方、ゼロベース思考は原点が未来にあります。現地

目標地点と現時点を輪ゴムでつなぐ

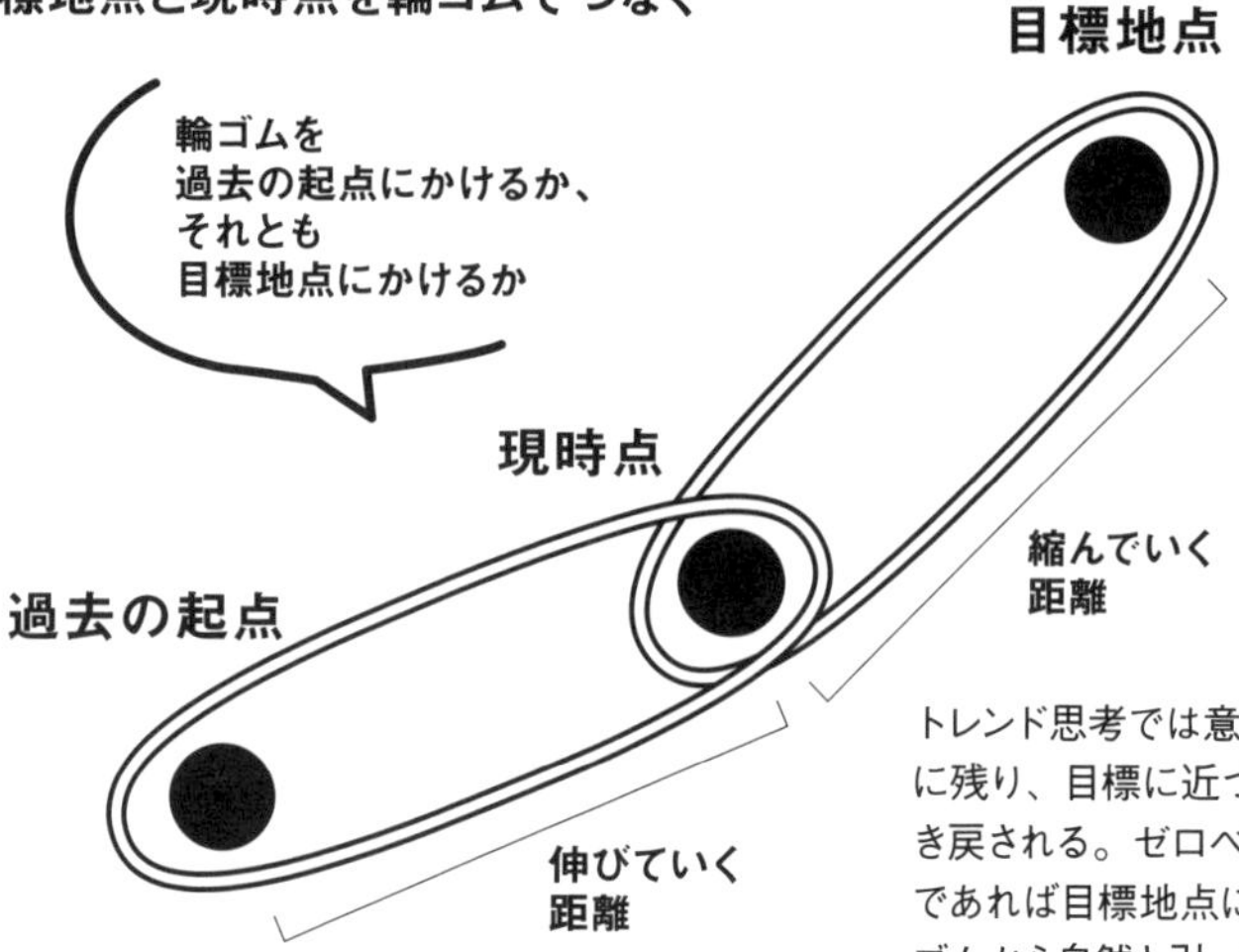
目標地点
輪ゴムを
過去の起点にかけるか、
それとも
目標地点にかけるか
現時点
過去の起点
縮んでいく
距離
伸びていく
距離

トレンド思考では意識が過去に残り、目標に近づくほど引き戻される。ゼロベース思考であれば目標地点にかけた輪ゴムから自然と引っ張られる。

トレンド思考の人

- 経緯を知る
- 実績を調べる
- 他の事例を探す
- 決められたルール
- 一般化された数式
- 前年度比率で考える
- グラフを書く
- 他と比較する

ということは…
次はこっちだ！

ゼロベース思考の人

- そもそも、を考える
- 理想を追い求める
- 新しいことが好き
- 可能性を探る
- ジッとしていられない
- 同じ繰り返しが嫌い
- 遠くを見ている

ということは…
次はあっちだ！

カヌーであれば進行方向を見ながら漕げる

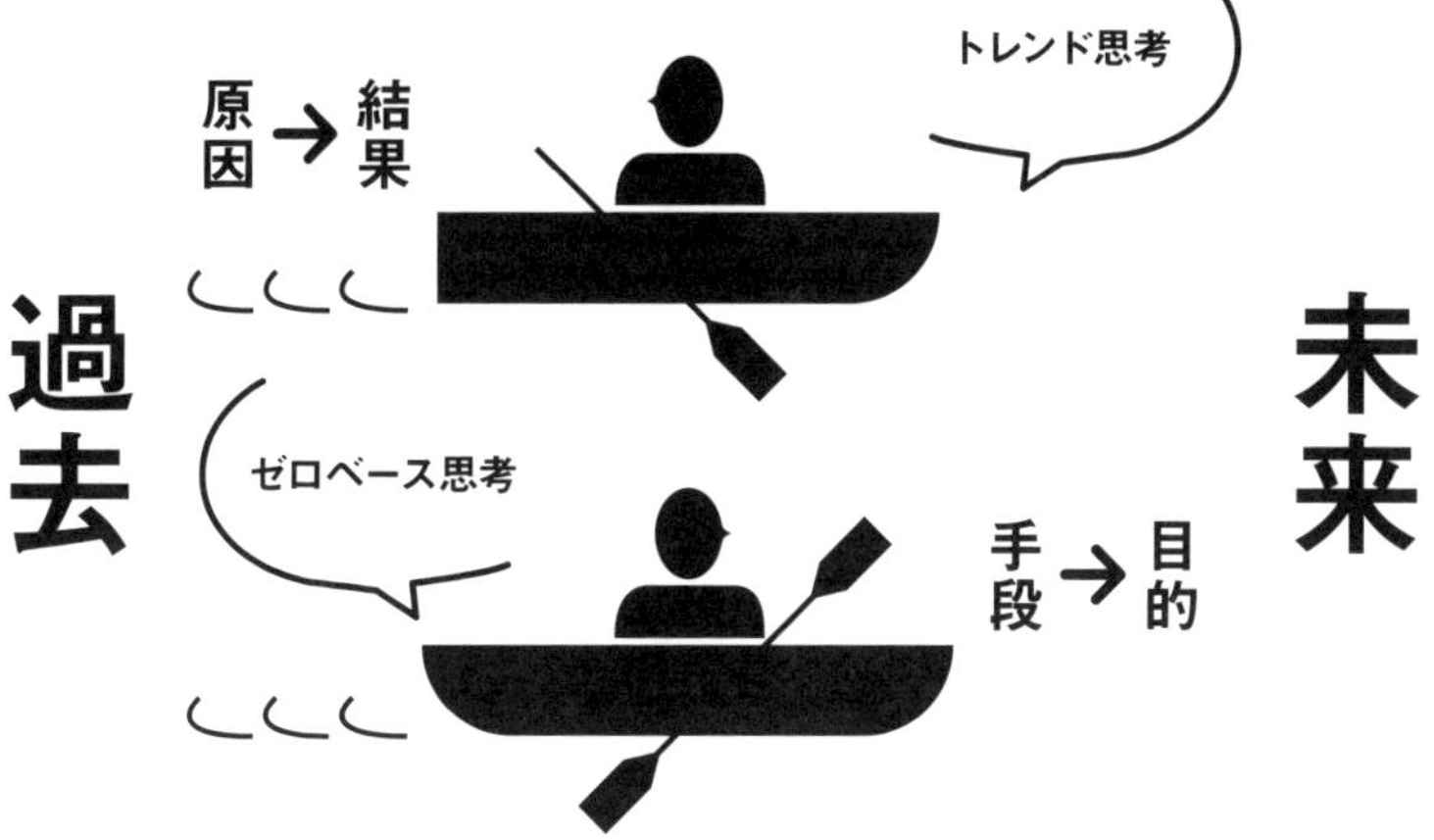

たとえるなら、トレンド思考はボート、ゼロベース思考はカヌーに乗って進むようなものだ。カヌーであれば、過去の軌跡に関係なく、目標の方向を見ながら進むことができる。

点はマイナスの状態なので、原点に近づくための工夫や努力が生まれます。どちらが目標達成に近いのか、考えるまでもないでしょう。

たとえるならトレンド思考はボートで、ゼロベース思考はカヌーです。

ボートは進行方向とは逆向きに顔を向けながら前に進みます。前を向けないので、頼りになるのは自分の漕いできた軌跡だけ。それが方向を決める唯一の手がかりなので、軌跡を無視した行動は取りづらい。必然的に行動は過去に縛られます。

一方、カヌーは進行方向を見ながら漕ぐことができます。自分がどう進んできたのかは関係なく、自由に目標を設定して、そこに向かって最短距離で進めます。

あなたが漕いでいるのはボートでしょうか。それともカヌーでしょうか。目標の設定時に、いま自分がどちらを向いているのか、振り返ってみることが大切です。

65 未来思考で理想の具現を目指す

トレンド思考とゼロベース思考は、過去思考と未来思考と言い換えることもできます。

過去思考は、いま起きている現象を「結果」ととらえて、その現象が起きた「原因」を探るところからスタートします。製造業では「なぜを五回繰り返せ」とよくいわれますが、あれはまさしく過去思考。「なぜ?」と過去を検証することが、過去思考の本質です。

過去をさかのぼって原因らしきものが見つかれば、それを是正する方法を仮説として立てて、改善を試みます。

原因を調べ、仮説を立て、検証する。過去思考では、こうした仮説検証のサイクルをひたすら繰り返しながら目標に向かいます。

この手法には弱点があります。一つは、時間とお金がかかることです。一度の仮説検証で最適な解を導き出せればいいのですが、現実は甘くなく、幾度となく仮説検証を繰り返すことになります。これはリソースに余裕があるからこそできるやり方であり、リソースが豊富でも繰り返すうちに疲弊していく恐れがあります。

もう一つ、仮説が事例的・経験的になりやすいというデメリットもあります。過去をさかのぼっ

トレンド思考とゼロベース思考は、過去思考と未来志向でもある

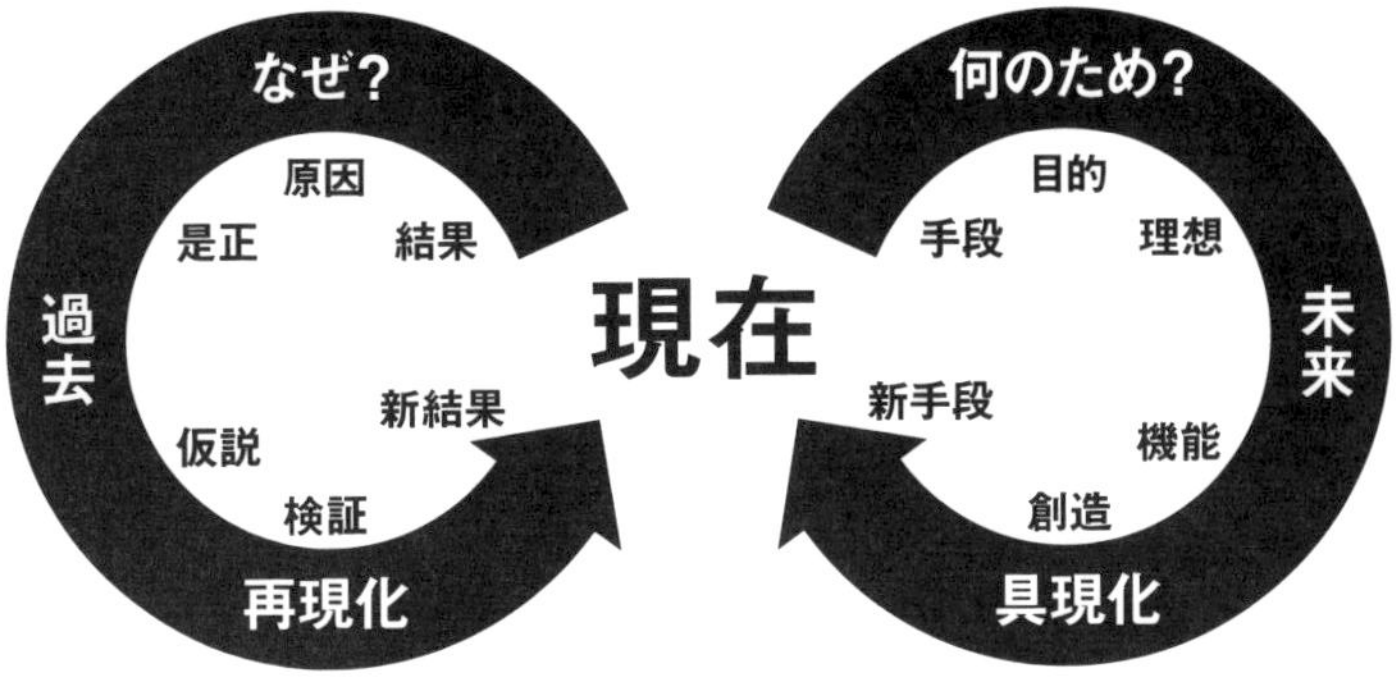

トレンド思考＝過去思考では原因と結果の関係に重きを置き、仮説検証を繰り返しながら進むため、時間とお金がかかるうえ新しいものが生まれにくいという弱点がある。

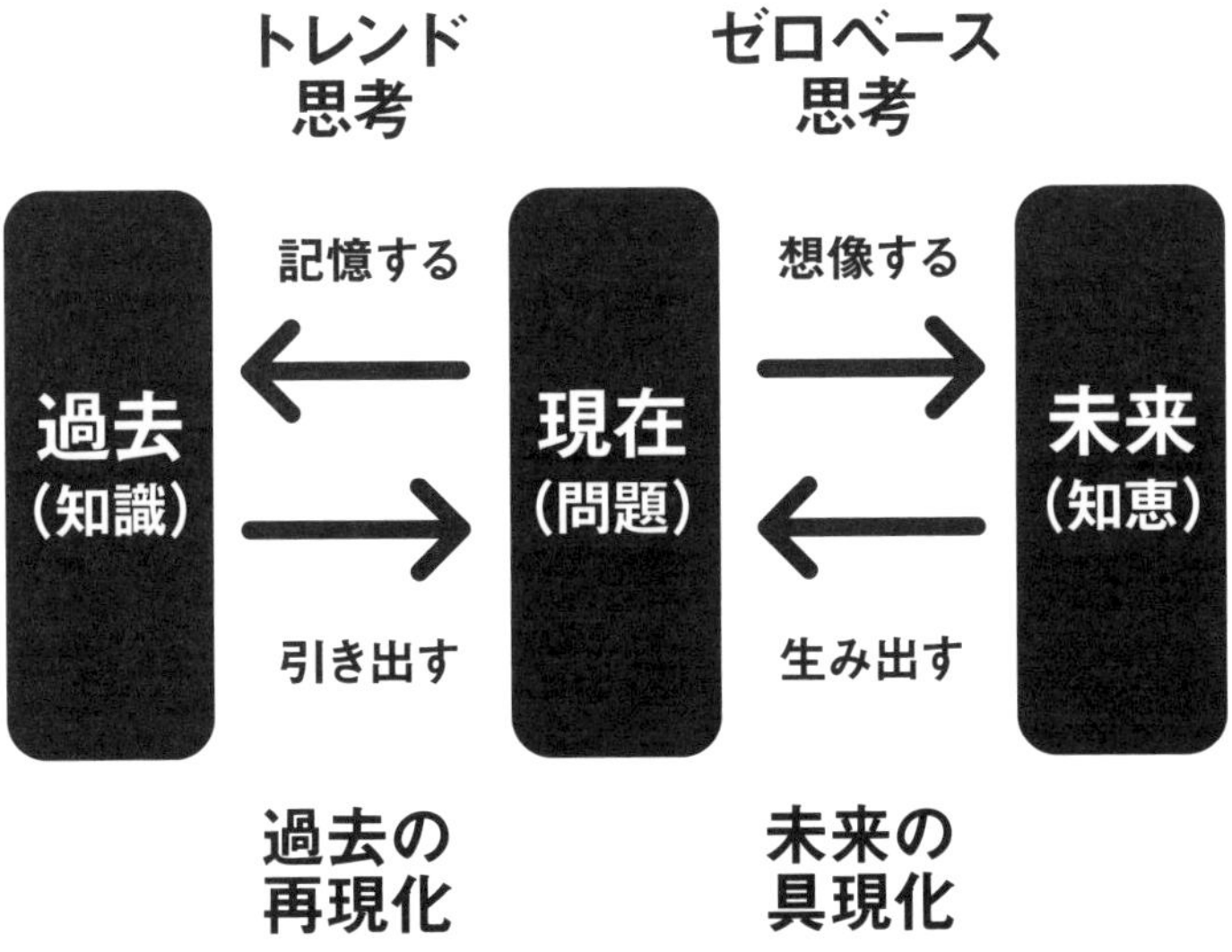

一方、ゼロベース思考＝未来志向では、起きている現象を目的達成の手段ととらえて、「何のため？」という問いかけを繰り返すことで、目的に近づくための手段を考える。

て原因を探るため、それを是正するための方法も、「このケースではこの方法が効果的だった」というように前例に引きずられやすいのです。このやり方だと、改善はできても、新しいものは生まれません。いわば「過去の再現化」です。

理想に近づくための手段は、未来的でいい

いま求められるのは、未来思考です。

未来思考では、いま起きている現象を、ある「目的」を達成するための「手段」として位置づけます。目的は「何のため？」という問いかけによって明確化します。「なぜ？」が過去思考の本質なら、未来思考の本質は「何のため？」です。

この質問を繰り返すと、いま取りかかろうとしていることの真の目的が明確になります。真の目的が明確になれば、理想形も見えてきます。理想形が見えたら、そこに近づくための手段を考えます。ここで従来の方法にこだわる必要はありません。理想は未来に存在するので、それを達成するため手段も未来的、創造的でいい。

未来思考のサイクルで行われるのは、理想の状態をカタチにする「未来の具現化」です。

未来の具現化は、過去のトレンドの延長線上にはありません。その意味で未来思考は、白紙の状態から目標を設定するゼロベース思考と同じです。

66

過去を手放し、未来をつかむ

人生にはさまざまな波がやってきます。

いい波がくることがあれば、悪い波がくることもあります。いい波にうまく乗ることができれば良い結果につながりやすく、悪い波にぶつかれば失敗する確率が高くなります。

ならばいい波だけに乗ればいいじゃないか、と考えるのは間違いです。波を選ぼうと考えている時点で、波に乗り遅れる可能性が高いからです。

いま迫りくる波がいい波なのか、悪い波なのか。それは波が形作られてみないと判断できません。ただし、判断可能なタイミングになってから行動に移すのでは遅い。次の瞬間には、もう波が崩れているからです。

現在地から動かずに波を選ぼうとする人は、結局、波に乗ることができません。

「次の波は悪い波かもしれない。だからやめておこう」

「さっきの波はいい波だった。乗ればよかった」

そうやって躊躇と後悔を繰り返しながら、同じところでプカプカと浮いて漂うだけの人生を送るのです。

いい波をつかまえたければ、人生の波乗りサーファーになることが大切です。

サーファーは、次の波を見つけるために遠くを見ています。波の兆しを感じ取ったら、浜に向かって漕ぎ出して体勢を整えます。この時点では、次の波がいい波なのか悪い波なのか、わかりません。それでもサーファーは手を抜かずに体勢を整えます。

いざ波が迫ってきても、まだ波の正体はつかめません。それでもサーファーは躊躇せずに波に乗ります。

結果的に悪い波だったとしても、それはそれです。サーファーはいい波にも悪い波にも乗って楽しみ、また次の波の兆しを見つけるために海を見つめます。

私たちの人生にも、一つ一つの波に全力で向かっていく姿勢が求められます。準備を怠らず、いざ波がくれば迷わず乗ってみる。それでこそいい波をつかまえられるのです。

手放すことで、積み上げた過去を有効に使う

いい波をつかむためには、過去を手放す勇気も大切です。

子どものころ、公園の雲梯《うんてい》で遊んだ記憶はないでしょうか。雲梯で前に進むためには、手を伸ばして先の棒をつかむ必要があります。ただ、それだけでは前に進みません。同時に最初の棒を握っていた手を放さないと、ただ雲梯にぶらさがっているだけの状態になります。

いい波に乗るには人生の波乗りサーファーになる

サーファーがいい波をつかまえるコツと、人生の波に乗るコツには通じるものがある。いつまでたっても波に乗れない人は、次こそ波に乗ろうと思ううちにチャンスを逃し、成功も失敗も経験しないために、直感のベースとなる経験知を積むことができない。

未来をつかむ雲梯《うんてい》の法則

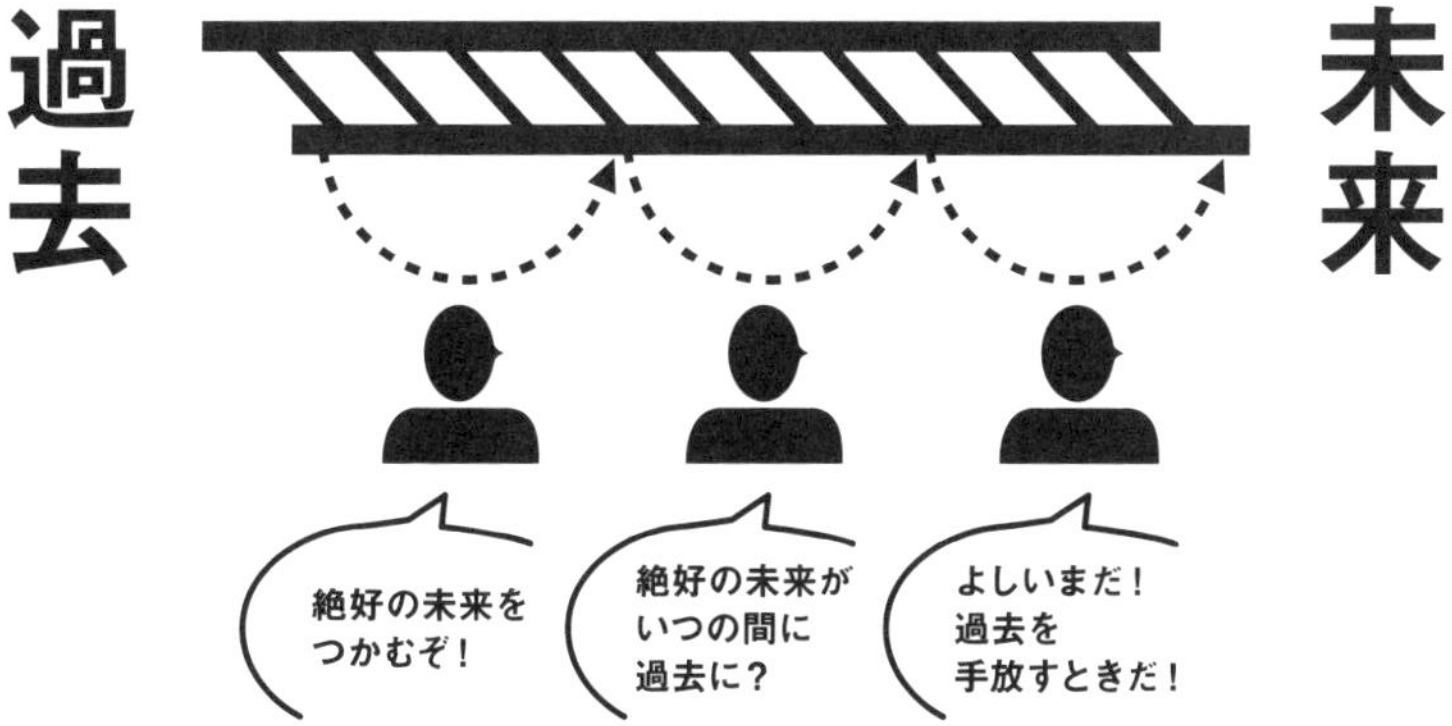

雲梯で上手に遊ぶコツもまた、人生で波に乗るコツと似ている。それまで握っていた棒を手放すのには勇気がいるが、過去の棒にしがみついていては、未来の棒をつかむことはできない。躊躇しているうちにエネルギーを失い、やがては地面に落ちてしまう。

先の棒を握ったことを確かめてから元の手を放すのでは遅すぎます。つかんだ瞬間に元の手を放すからこそ、自重によってエネルギーが生まれ、また次の棒に手が届きます。手を放すタイミングを間違えると、勢いがそがれて失速します。うまくいけば、より先の棒をつかめます。

雲梯で上手に遊ぶコツは、私たちの人生にもそのままあてはまります。

未来に向けて何か新しいことをやるときに、過去にしがみつくのはもったいない。新しいものをつかむと同時に過去を手放さないと、エネルギーが生まれずに失速します。

自分が積み上げてきたものを捨て去るのは、勇気がいることかもしれません。しかし過去を抱きかかえているかぎり、次のステージには進めません。

苦労して積み上げた過去だからこそ、手放したときに大きなエネルギーが生まれます。重要なのは、そのときのエネルギーを利用して前に進むことです。そのほうが、積み上げた過去を有効に使うことになります。そして、そのようにしてつかんだ未来もいずれ過去になるということです。

過去にしがみついて現在の自分にとどまるのか。それとも、過去を捨てて未来をつかむのか。

それは、あなたの決断しだいです。

67

一日一瞬を生きることに集中する

人生は、次の数式で示すことができます。

「$(LIFE) = \sum_{i=BIRTH}^{DEATH} (TODAY)_i$」

Σ《シグマ》はある範囲を足し合わせるときに使う記号で、この式は生を受けてから死を迎えるまでのトゥデイの総和がその人の一生になるということが表現されています。

ひらたくいうと「人生は今日という一日の積み重ねだ」という意味ですが、理系人間である私には、こうして数式で表現したほうが理解しやすいのです。

毎日がトゥデイという考え方は、多くの人が理解しているでしょう。ただ、本当に毎日を「今日」として生きているのか、改めて問い直してみる必要があります。

たとえばいま目の前にやるべき仕事があるのに、いつまでも昨日の仕事を反省してはいないでしょうか。過去は過去になった時点であなたの人生ではありません。私たちが生きている人生は、つねに今日です。あるいは今日のことをまだやり尽くしていないのに、明日の心配をしてはいない

人生は今日という日の積み重ね

$$(\mathrm{LIFE}) = \sum_{i=\mathrm{BIRTH}}^{\mathrm{DEATH}} (\mathrm{TODAY})_i$$

	今日が1月1日なら	今日が1月2日なら	今日が1月3日なら
1月1日は	今日	昨日	一昨日
1月2日は	明日	今日	昨日
1月3日は	明後日	明日	今日

今日が１月１日なら１月１日は今日、１月２日は明日、１月３日は明後日。今日が１月２日なら１月１日は昨日、１月２日は今日……。あたりまえのことを言っているようだが、今日という日は二度とこない。今日の日の質を高めることができるのは、今日だけだ。

でしょうか。明日は明日がやってきてはじめて今日となります。明日が今日になるまで、明日というものはないに等しい。まだ起きていないことは、あなたの人生ではないのです。

ごくあたりまえのことを言っているに過ぎませんが、改めて振り返ると、私たちは案外昨日や明日に気を取られて、今日を懸命に生きていないことに気づかされます。

コントロールできるのは今日この瞬間だけ

今日の質を高めることができるのは、今日だけです。にもかかわらず、昨日を悔やんだり明日を心配していると、今日の質が低下していきます。人生は今日の総和ですから、今日の質が低下すれば人生の質も低下します。自分の人生をより良きものにするために、昨日や明日に気を取られている余裕はないのです。

今日を全力で生きるというと、「自分は仕事人間ではない。そんな生き方は無理」と受け止める人がいるかもしれません。

たしかにいまやれることをやり尽くす生き方はハードな一面があります。しかし人は二四時間三六五日、仕事ばかりしているわけではありません。遊ぶときは遊ぶし、休むときは休む。それぞれの目的に合わせて、目の前の時間を精いっぱいに生きればいい。

「昨日は昨日、今日は今日、明日は明日だ、ひきずるな！」
「明日は必ず来る。今日は二度と来ない」

目の前の仕事への集中力が途切れてくると、私はこれらのフレーズを頭の中に思い浮かべて、自分の意思を今日いま現在の瞬間へと引き戻します。

私たちがコントロールできるのは、昨日でも明日でもなく、今日この瞬間です。そこを疎かにして人生の質が高まることはない。私はそう確信しています。

エピローグ

六七のスキル、いかがでしたか。なかには自分には合わないと感じたものがあったかもしれません。それを無理にすすめるつもりはありません。ピンときたものがあれば、ひとまず一カ月続けてみる。それが大事です。

私は自分が主催するオンラインセミナーで、「スキルが身につけられる人は四パーセントしかいない」と指摘しています。

受講者一〇〇人にあるスキルを伝えたとしたら、知識として知っているのは一〇〇人中一〇〇人です。しかし、実際に行動に移して試するのは二〇人。さらにそれを継続して自分のものにできるのは、四人だけ。他の九六人は、何か理由をつけて断念します。

本書を読んだことで、みなさんはスキルについて知識を得ることができました。そこから四パーセントになるのか、その他大勢になるのか。決めるのはみなさん自身です。

やらない言い訳の代表例は、「いまは忙しい」「いまは適切なタイミングではない」でしょう。

しかし、この言い訳には首をかしげたくなります。待っているだけでは、適切なタイミングなど永遠にやってこないからです。

ずいぶん昔になりますが、私は大学進学するときに一つの誓いを立てました。

「大学生だからできることをやろう。大学生にしかできないことをしよう」

大学生のときは時間がたくさんあるので、その気になれば何でもできます。しかし、何でもできる自由な環境が、逆に大事なことを後回しにする怠惰な生き方につながるのではないか。そう危惧して、いまできること、いましかできないことをやろうと決心したのです。

大学卒業後も、私はこの考え方を貫きました。建設コンサルタントとなったときは建設コンサルタントとして、ファンクショナル・アプローチと出会って起業したときには改善士として、つねにいまできること、いましかできないことを優先して取り組んできました。

失敗したときも同じです。仕事でミスをしても、落ち込んでいるヒマはありません。失敗したからこそできること、失敗したときしかできないことがいろいろあるからです。

日本経済が低迷したいま、人々は安定を求めて保守的になり、変化を嫌うようになりました。いまは会社にしがみつくことで精いっぱいで、ビジネススキルにイノベーションを起こすどころではないという人もいるでしょう。

では、おとなしく待っていればいずれ嵐が過ぎ去り、行動を起こすのにふさわしいタイミングがやってくるのでしょうか。

残念ながら答えはノー。待っているだけでは何も変わりません。私たち一人一人が行動を起こしてこそ、きっかけが生まれて、事態が好転するのです。

そういう意味で、イノベーションを起こす最適なタイミングはいまです。嵐のときには、嵐でしかできないこと、嵐だからできることがあります。日本中が閉塞感に覆われ、多くの人が足踏みを続けているいまだからこそイノベーションを起こすのです。

日本人は、もともと感性でつながる民でした。ところが戦争に負けてアメリカが欧米流の管理社会を持ち込み、つながりが寸断されました。大量生産大量消費の工業化社会においては、人の個性をそぎ落とす画一的な管理手法が成果を上げ、日本経済は世界を席巻しました。

ところがサービス化社会になって、感性を置き去りにしてきたツケが回ってきました。単一的な手法では多様化する市場についていけず、日本のお家芸といわれた分野でも海外企業に後れを取るようになったのです。

日本は、いまこそ戦後に持ち込まれた常識を打ち破り、本来の感性豊かな社会を取り戻さなくてはいけません。ビジネス分野でいえば、単一から多様、知性から感性でイノベーションを起こすこと。それが未来の日本を支える子どもに対する私たち大人の責任です。

日本人は「自分は微力なので何もできない」と卑下しがちです。しかし、本当にそうでしょうか。

中国の思想家、墨子は「戮力協心《りくりょく》」の重要性を説きました。全員の心を一つにして力を合わせれば物事を成し遂げられるという意味ですが、私も同感です。一人一人は微力でも、協力すれば強力になります。多くの人が力を合わせれば、明るく活発な社会を取り戻すことも、それほど難しくないはずです。

社会を変えるためには、まず一人一人が自分の中でイノベーションを起こす必要があります。他と比べる必要はありません。重要なのは、あなた自身に変わる意志があるかどうかです。

本書には現時点での集大成として六七のスキルをご紹介しましたが、私自身もここで歩みを止めるつもりはありません。さらなるイノベーションを起こすため、これからも変わり続けるつもりでいます。

本書を手に取ってもらったのも、何かの縁です。ぜひ一緒にイノベーションの灯をともしていきましょう。

謝辞

本書を出版するに当たり、このような素晴らしい機会をいただきましたプレジデント社の大内祐子さんに感謝申し上げます。

私の提唱してきた「ファンクショナル・アプローチ」の理論の奥深さと、すべての活動へ適用できる広がりをすぐに理解いただけたことと、私自身の仕事のやり方、時間や思考のマネジメントそのものが、そのままコンテンツになることを見出していただきました。ありがとうございました。

そして、これほどまでに雑多なコンテンツを見事に構成していただいた村上敬さん、内容にふさわしい素敵な装丁を作成いただいた坂川栄治さん、坂川朱音さんにも深くお礼申し上げます。

何より、私の思考を変え、人生を変えた「ファンクショナル・アプローチ」の発案者ローレンス・Ｄ・マイルズ氏に改めて敬意を表します。そして、ＦＡＳＴダイアグラムの発明者チャールズ・Ｗ・バイザウェイ氏、さらなる学びと気づきを与えていただいた指導者Ｊ・ジェリー・カウフマン氏、日米最初の橋渡しをされた伝道師・玉井正寿氏、さらには多くの事例と指導をいただいた世界中のＣＶＳ（国際バリュー・スペシャリスト）の皆さんに心より深謝します。

また、これまで出会ったすべての方々に感謝いたします。それは、上司であり、先輩であり、顧客であり、部下であり、仲間であります。ときに優しく、ときに厳しく、成長するきっかけをたくさん与えていただきました。

とりわけ、株式会社ファンクショナル・アプローチ研究所で、私の活動を陰で支えていただいている佐藤さおりさん、駿河由知さん、ファンクショナル・アプローチ・アカデミーでともに学び、研究開発していただいている研究員の皆さん、ありがとうございます。

さらに、私の思いに共感し、活動を応援いただきました全国の皆さん、「誰のため？何のため？アソシエーション（ＤＮＡ）」の賛同者の皆さんに、ここに改めて感謝申し上げます。

また本書は、私の仕事のやり方、生き様をつづったモノでありますが、そのような私になる基礎を叩き込んだのは我が父、横田幸彦です。モノゴトへの探求心、不屈の精神力、自分を信じとことん取り組む勇気と根性を彼の生き様から学びました。父の子であることを誇りに思います。

最後になりましたが、私の仕事ぶりを間近で見つつ、ただ健康であることを願い続けてくれた最愛の妻、横田裕子なくして私の人生は成り立ちません。ありがとう。

横田尚哉 *Hisaya Yokota*

株式会社ファンクショナル・アプローチ研究所代表取締役社長。顧客サービスを最大化させる経営コンサルタント。世界最大企業・GE（ゼネラル・エレクトリック）の手法を取り入れ10年間で総額1兆円の事業改善に乗り出し、コスト縮減総額2000億円を実現させる。「30年後の子供たちのために、輝く未来を遺したい」という信念のもと、そのノウハウを潔く公開するスタイルは各種メディアの注目の的。「形にとらわれるな、本質をとらえろ」という一貫したメッセージから生み出されるダイナミックな問題解決の手法は、企業経営にも功を奏することから「チームデザイン」の手法としても注目が高まっている。著書に『問題解決のためのファンクショナル・アプローチ入門』『ワンランク上の問題解決の技術《実践編》』（ディスカヴァー刊）がある。
http://www.fa-ken.jp

デザインシートで会議を設計する

							現行	理想	差
会議名称									
現状を共有する									
経営方針を伝える									
負担を再調整する									
方針を決める									
意見を集める									
不満を引き出す									
やる気を高める									
連携を強める									
仲間を知る									
一体感を育てる									

使い方…「会議名称」の欄に現行の会議名を記入、会議の10の役割をどのくらい満たしているかを◎か△で評価。◎＝2 ポイント、△＝1 ポイントで集計し、現行と理想の数値を比較。そのうえで差のマイナスがなくなるよう、会社全体での会議の統廃合を行う。

参照…『ビジネススキル・イノベーション』19 会議の機能を数値化して見直す

運営シートを使って議事録をつくる

名称			月日	月　日	開始	:
議長		参加			場所	

Meeting Sheet

議題1		目的			分間	
意見						
結論			期日		担当	
議題2		目的			分間	
意見						
結論			期日		担当	
議題3		目的			分間	
意見						
結論			期日		担当	
議題4		目的			分間	
意見						
結論			期日		担当	
議題5		目的			分間	
意見						
結論			期日		担当	
議題6		目的			分間	
意見						
結論			期日		担当	
議題7		目的			分間	
意見						
結論			期日		担当	
議題8		目的			分間	
意見						
結論			期日		担当	

記録		承認		分数合計		終了	:

使い方…アジェンダ（議題）を《○○について、△△を～する》の形で記入（会議の目的を明確化)。会議の開始時刻は意図的に半端な時間に設定（遅刻対策)。議題ごとに意見、結論を個条書き。期日、担当者名、最後に分数合計と終了時刻を記す。

参照…『ビジネススキル・イノベーション』20 議事録は、運営シートで兼用する

進捗管理シートで仕事を可視化する

番号		名前		承認		年月日	
進捗管理シート							
タイトル			目的			目標	
内容							
		Input	資源消費	Output	目標達成	Value	活動価値
	単位					／	／
当初予定	Mon						
	Tue						
	Wed						
	Thu						
	Fri						
	Sat						
見直予定	Mon						
	Tue						
	Wed						
	Thu						
	Fri						
	Sat						
実績	Mon						
	Tue						
	Wed						
	Thu						
	Fri						
	Sat						

グラフ

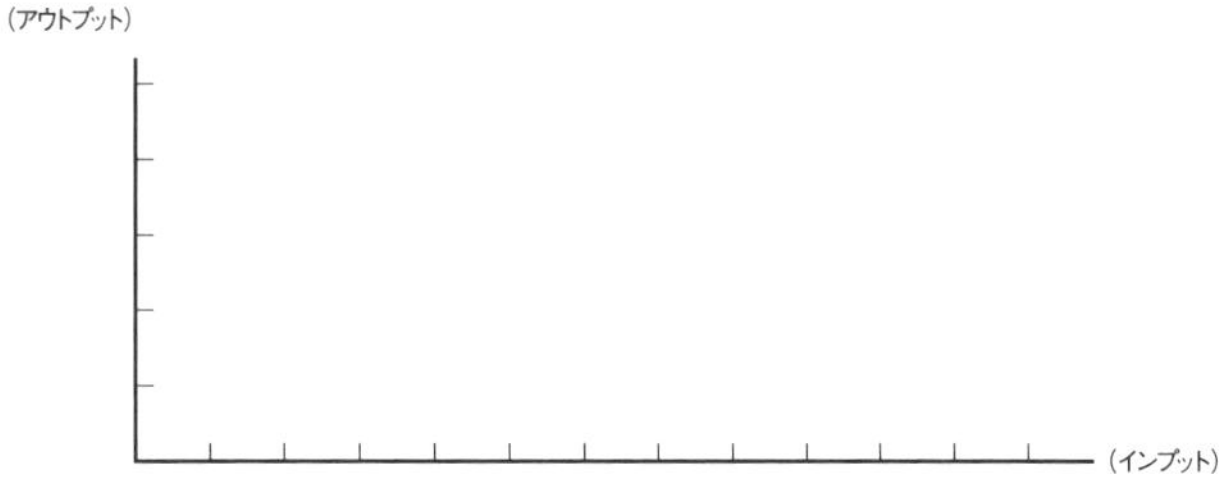

改善							
評価者		アドバイス				確認	

使い方…単位の欄にInput であれば時間やコスト、Output であればページ数などの成果、Value の欄には Input／ Output を記す。当初予定の欄を使ってインプットとアウトプットを見積もり、グラフに数値を落とし込む。作業開始後は実績を記入、同様にグラフに落とし込む。

参照…『ビジネススキル・イノベーション』32 予定と実績を可視化して比較する

長期プランニングのための人生周期表をつくる

		成長				成熟				成果	
		庇護		仲間		独歩		貢献		感謝	
人生のテーマ		自由	自我	自覚	自立	自制	自愛	自尊	自適	自在	自然
仕事のテーマ											
静的	改善	歳	歳	歳	歳	歳	歳	歳	歳	歳	歳
		歳	歳	歳	歳	歳	歳	歳	歳	歳	歳
	計画	歳	歳	歳	歳	歳	歳	歳	歳	歳	歳
		歳	歳	歳	歳	歳	歳	歳	歳	歳	歳
動的	実行	歳	歳	歳	歳	歳	歳	歳	歳	歳	歳
		歳	歳	歳	歳	歳	歳	歳	歳	歳	歳
		歳	歳	歳	歳	歳	歳	歳	歳	歳	歳
	評価	歳	歳	歳	歳	歳	歳	歳	歳	歳	歳
		歳	歳	歳	歳	歳	歳	歳	歳	歳	歳

使い方…人生周期を９年ごとのサイクルに落とし込んでみる。人生のテーマ（自由〜自然まで「自」の字を使う）と改善〜評価のサイクル、それらに関連した2〜4年ごとのテーマは「横田尚哉流」を踏襲した。あなたも年齢と仕事のテーマを当てはめてほしい。

参照…『ビジネススキル・イノベーション』63 人生周期表で決断のタイミングを計る

ビジネススキル・イノベーション
「時間×思考×直感」67のパワフルな技術

2012年 9月1日 第1刷発行
2012年10月23日 第5刷発行

著　者　横田尚哉
発行者　長坂嘉昭
発行所　株式会社プレジデント社
〒102-8641
東京都千代田区平河町2-16-1 平河町森タワー13階
http://www.president.co.jp/
電話　編集 03-3237-3737（プレジデント編集部）
販売 03-3237-3731

編　集　大内祐子
構　成　村上　敬
図版作成　草薙伸行（プラネットプラン・デザインワークス）
装　丁　坂川栄治+坂川朱音（坂川事務所）
印刷・製本　図書印刷株式会社

ISBN978-4-8334-5047-8
Printed in Japan
落丁・乱丁本はお取り替えいたします。